U0069238

台灣未來革命

鄭登寶

個人，企業，政府
創意效能管理

推薦序

繼《資訊超商》之後，作者又推出了與軟體科技、情報掌握、企業管理與國家治理相結合的革命性書籍——《台灣未來大革命》。

本書的資訊應用觀念始終走在時代的前端，不僅觀念突破、作法突破，影響層面更橫跨管理、教育、資訊科技發展、政府效能、國家競爭力等五大課題。這是商業人士、資訊從業人士及政府官員不得不看的一本優良書籍，或者可稱作是〈教戰手冊〉。

忠實地推薦讀者從頭到尾，字字讀完，將會有非常實務上的收穫。

本書作者的著作角度，從對鄉土的認知與愛做爲出發點，藉由如何讓家鄉變的更好、發展更長遠、主事者領導更有效率，所導引出來的諸多教育、政治、規劃的新觀念，使所有的管理與施政執著於一個不變的方向發展……解決人類需求。

藉由作者所定義及描述的系統，得以取得有用的知識、分類的資訊、有效的情報、發展的趨勢，並藉此情報分析及過濾得以解決民生、民主、進步的各項問題，並滿足它，所有行爲則環繞在「更好」、「更有效能」、「更滿足需求」或「更正確」的行爲準則上；因此我們今日所看到的政治口水，可能在此系統下便很難氾濫，因爲其提供了太紮實的知識與實務運作基礎，將

使我們的方向產生重大的轉變。

一個良性發展，知識完整，不斷因應變革，制定良好的制度，永續經營的社會或產業將悄然來臨，請拭目以待。

鄭琇馨
現任皇統科技 執行副總

作者序

在中國，看他們每天的新聞是如何學習國外規章制度與先進科技，各行各業如何利用新觀念技術不斷成長，日漸拉近與先進國家之間的水平差距，整個社會與文化正進行前所未有的改革，意圖能與世界歐美強權並駕齊驅，而他們一個月的進步(效率與層面)，恐怕我們花半年時間也趕不上。

隨著回國時間增長，作者的「危機意識」與「成長動力」卻日漸減少。

爲何緣故？相對於台灣電視新聞，主流媒體的播報內容不是鮮明黨派立場口水攻防，互揭瘡疤的八卦、就是哪邊又發生火災、車禍。整個國家人民幾乎大半都在這些無意義的事務上頭打轉，將所有社會資源浪費在這裡面，這種讓國力倒退沈淪的問題極爲嚴重。

每當有政治人物出現在媒體鏡頭前，就先批評對手如何差勁到「一無是處」，對方提出什麼計畫也想辦法找出壞處，然後誇張渲染到國家財政即將破產債留子孫等等，但我們卻很少聽到他們說到應該怎麼做，能將國內力量凝聚起來，讓台灣在國際上變成有什麼特色的國家。

在國內常聽到某些政治人物批評中國是如何地「貧窮落後」，但對於他們的進步之處，包括檯面下看不到的努力，以及他們已具備哪些實力與未來對國際與產業會發生多少影響，政治人物卻鮮有深入了解與認眞思考，還以爲中國貧苦大眾等著我們去解救，要對方學習我們亂七八糟的民主政治，自以爲中國只有台灣這一國可以改變它，卻從不知道先進的德國、法國、日本這些國家與企業，早在鄧小平開放改革時代就開始巴結服侍這個即將成爲「東方超強」的大國了。

目前台灣社會只是不斷在內耗，嚴重到像是國家正發生非軍事的內戰一樣，一邊是做著大中國夢，只想統一(回歸)中國，批評現實描述的兩國論，也否定那個眞的中國存在；另一邊卻在獨立自主的土地(國家)上喊著要獨立，以爲換了名字，中國就會在聯合國找好空位請我們上坐？

兩邊鮮少以「現實」、「務實」、「國際觀」的態度來調整自己，同時教育支持的群眾們，讓整個國家民眾知道明天的目標與希望在哪裡，並化解不同族群的無謂對立。

本書集結作者許多的想法與經驗，包括電腦軟體、網路科技、資訊情報的趨勢發展預測，與對台灣未來的長遠發展與理想建議，希望國內民眾閱讀後能夠了解台灣的現實問題，其中針對政府、教育、產業的未來建議與規劃，能夠凝聚台灣人民的力量，向全球發射我們的動力與光芒。

本書第一部(前三章)與最後的第四部，說明軟體科技與資訊超商所組成的全新商業運作模式，如何整合許多傳統商業服務並成爲台灣甚至是全球最大的資訊(情報)服務通路商，並以獨特的情報網路運作模式取得治理國家的政權。

第二部針對國家目前幾個重要發展基礎，重新規劃組織運作方式，提昇政府優於以往數十倍的運作效能與準確度，讓台灣政府具備一個精密、能正確迅速反應的大腦。

第三部探討台灣與中國關係，導正國人對中國不正確認知與態度，建立正確可行的兩岸新關係，謀求台灣如何在國際間生存，尋找我們的定位、目標與機會方向。

附錄爲知識系統的建立方式與創意思考法的訓練方式。

作者希望本書能夠給您前所未有的思考方式與實質生活上的幫助，並給每一位台灣人民有一個追求希望的目標，讓我們及子孫對國家未來能夠充滿信心。如果您對本書的內容有任何疑問或各種批評指教之處，作者非常歡迎您來信聯繫，信箱爲polo@dgi.com.tw 或 polo@ms1.cdbank.com.tw。

第四部　知識管理與資訊超商

第一部

科技情報決勝的選舉時代

第1章
高科技選舉

■ 科技選戰聯盟

2006年底，跨黨派的學術、產業界與地方士紳和政治家們，聯合成立階段性任務的超黨派選舉聯盟，該聯盟成立的目的是爲了終結國內政黨惡鬥，爲台灣建立全新的選舉模式與永續發展文化，團結國內各個領域階層，攜手面對全球競爭的時代，引領台灣民眾走入世界尖端之林。

選舉聯盟藉由比便利超商更密集的「資訊超商」及免費的個人知識管理軟體(註)，進行長時間選民的需求調查，展開全國性的相關情報收集工作，將民眾對目前政府各種施政及現有制度的缺失、地方建設需求等等各類議題和建議，收集成完整詳盡的資訊情報。

「資訊超商」就像7-11便利超商一樣深入社區住宅大樓，與便利超商不同之處是它不賣實體的飲料、食品或雜貨，這種科技超商只賣摸不到的「資訊」。從情報、新聞、求才、求職、各種新舊商品買賣、房地、汽車仲介等情報資訊，到主動從事市場與商圈調查，甚至是政治民意的情報收集，簡單說只要能在電腦上傳遞、可數位化的資料或產品，都將是它能提供買賣或免費的服務項目。

聯盟以每個「資訊超商」作爲情報收集與處理中心(點)，並規劃分派相關任務，針對其所管轄區域內的人口，至少五分之一的總人口數爲目標(以戶籍爲準)，進行長達一年以上時間的調查訪問，以台灣總人口來推算將收集到至少有四百萬人的調查資料。

超黨派選舉聯盟將會從各種職業層面、活動商業、組織社團等，針對國家建設及自身生活周遭的種種議題，收集到豐富龐大的各種資訊，包括國家及地方的各種需求及相關的改善建議。對已經接受調查者，依舊可藉由免費的個人知識管理軟體，或親自到住家附近的「資訊超商」，持續提供對地方、產業或整個國家更深入的建議。

到選舉辯論時刻來臨前，超黨派選舉聯盟已經能將全國各地區、城鎮、鄰里的個別或跨區整合的需求，轉變成建設或改進計畫。超聯盟透過各種專業人士，針對所收集到的龐大民意情報，進行各種專業的分類、分析，整理出可實施運作執行的計畫，超聯盟由此依據參考以提出未來的施政白皮書。

註：此處的「資訊超商」與電腦資訊軟體描述，存有某種程度的電腦專業成份與未來世界的商業運作機制，故作者將相關內容放於最後一部來闡述說明，如讀者爲專精的電腦使用者，對電腦軟體及未來資訊科技對於整個社會發展、變革有興趣時，建議讀者可以從最後一部先看起，之後再回來閱讀。

■ 變調的舞台

我們看今天的選舉是什麼樣的光景。在某選區一片旗海、燈光音效俱佳的競選造勢晚會裡，主持人恭迎某某候選人上台演講，演講前突然一陣鞭炮巨響，抬頭仰望空中的燦爛煙火，接著是空氣罐喇叭聲響與音樂齊鳴。

這種固定場面大概已成了台灣選舉必備的開場公式，就像有些人會在送葬的時候請「孝女白琴」此類電子花車來壯大陣容一樣，已經沒什麼理由依據能解釋為何非一定得這麼做才行，這種選舉方式多了之後也就成了文化。

候選人上台第一句話必定是：「**今天很高興來到這裡**」(一個選舉會場搞得跟明星演唱一樣，聽台下群眾瘋狂喊著自己的名字還會不高興嗎？──作者心裡的呢喃)。一大串的客套話後，說「**感謝大家，我阿X仔一定會努力打拚**」，但話一說完，除了這句口號外，後面卻不見任何下文。

我們從不知道這些候選人要拚什麼？就算是「拚經濟」那也不過是一句的形容詞，究竟細節內容是什麼？牛肉放在哪裡？也許連他本人也不知個所以然來，所以沒兩句講不下去時，便把焦點轉到對手身上，原本含糊遲鈍的口才立刻流利順暢起來、手舞足蹈、口沫橫飛地批評對手如何差勁，做什麼都無能。也許批評對手的台詞老早就背得滾瓜爛熟，倒著講也沒問題，反正國內搞政治的多半就是這個模樣，畢竟批評別人，比告訴人家怎麼做要來的容易且省事多了。

觀察台灣今天所謂的民主選舉，說穿了不就另一種方式的買官位，今天的選舉就是靠花錢來搞宣傳造勢、挖樁腳，和古代相比只是方式、對象、價碼和複雜度不同而已，反正玩政治的誰不知一個地方代表、縣市長、立委的選舉至少得砸下多少金錢才有機會當選！

回到現場，這些候選人緊接著說，要大家「**睜亮眼睛看**」，說實在的我們從頭從頭到尾都沒睡著，眼睛一直睜著也沒能看到什麼？我們常聽候選人說「**我如果當選，一定馬上推動某某法案或某某工程**」？但事實上那些條文卻老早擱在立法院，而且可能已躺了好幾屆了！台灣的立委，審個法案眞有那麼困難嗎？

最後候選人說「只要**選我一定不會辜負大家對我的期望，感謝大家**」，此時台下民眾不是討論某黨主席今天又放了什麼方向球（議題），或者轉頭探腦等著與政治明星簽名握手，迴響的喇叭伴隨著吵雜音樂，誰知道他說了些什麼？又能對他期望些什麼？

這時主持人一定趕緊叫好，台下黨工才傳來此起彼落的鼓掌聲，嗯！這不愧爲台灣民主政治的奇蹟，如果中國能學起來，「**三民主義**」一定能統一中國（反諷之意）。

■ 激情過後

瞬間激情和燦爛煙火之後能給我們留下了些什麼？

是對明天充滿工作熱情與希望，還是加深不同政黨之間的敵對仇視？

難道我們的選舉，不能讓選民安安靜靜的思考，能夠聽到團結民心鼓舞士氣，探討遠大的目標理想，又能講出細微卻重要的關鍵計畫？

台灣人民爲何要如此愚昧悲哀，自己要像布袋戲裡成爲被那群政客們操弄在股掌之間的玩偶，隨著他們個人之間恩怨、權力漲落而激情舞動，要是每個政黨下野後都玩起這種凡事批評對立陰謀絆腳的遊戲，如此循環我們國家還有未來嗎？

第2章
勝選關鍵

■ 洞悉方向掌握細節

在施政白皮書公佈前，超黨派選舉聯盟會盡可能地明確列出各地方(地區)所有的需求，哪些需求做的到、哪些做不到的，都會一一詳列出來。超聯盟會透過「資訊超商」及提供的免費網路軟體，與每一位選民直接接觸，並持續性詢問(調查)他們的需求，不斷深入問題以獲得更全面、完整的情報資訊。

超聯盟會推測各種建設(含變革)過程中，將遭遇到那些困難，需要時間多長建構、得投入多少經費、必須具備哪些工程技術、而國內外有那些企業具備合適能力，甚至做更廣泛全面的考量，例如使用新技術或跨區域大型的規劃方案等。也就是說不止滿足他們(人民或選民)眼前的需求，還要做(或想)更遠、更全面、更完善的構思，對於一些「重要」，但目前仍無法進行的事項，超聯盟也會說明原因，或者能夠採取其他替代方案，或者表明某些問題需要更長時間來調查及研究。

當超聯盟到達某地區發表施政計畫(演講座談會)時，已經不是其他政黨那種批評口水、空洞口號或族群對立的傳統內容。超聯盟會將當地所調查的情報、需求及專家分析的完整建議方案，直接和台下民眾互動交流，明確地探討地方的大發展方向，同時也能講述相關的執行細節，如交通、教育、產業等發展或改善方案，超聯盟於座談會中更進一步得到大眾的認同和確定。

趕來參與的群眾們將不分族群、黨派色彩，超聯盟會讓他們了解政治就是他們自己的事，使他們能細心關懷週遭一切，並能參與提出自己的看法，政治、國家將不再屬於某個政黨或少數政治明星。

由自己所居住的地方開始，所培養的認同價值，才是眞正的價值。超聯盟會讓他們了解眞正的民本政治不是距離那麼遙遠。

超聯盟的對手不是國內其他黨派或少數個人，而是其它發達的先進國家。

如果以後有其他政黨能夠擊敗這種超聯盟，這才表示台灣的政黨政治已經成熟，或者政黨政治可能因爲科技及知識(包含系統)發達，推行更完善的選舉制度，而使得政黨政治(或少數分贓政治)在台灣只是變成一個象徵式名詞，沒有實質意義存在。

■ 政客接招

和目前那些在國內肆虐的政客，與專搞特權買賣生意的立委們相比，超黨派選舉聯盟不去搞那種只浪費錢的造勢活動！

超聯盟前往某一區演講時，就可以明確指出那裡所有需要與期望，因爲聯盟拜訪該地方之前對該區至少總人口二成以上的民眾，廣泛收集一年以上有關該區域的各種需求，小從修路、闢公園、蓋托兒所，大到區域產業發展規劃或政策協助，甚至是國家級的工程設施等情報調查。

超聯盟每到一個地方就可以說出當地需要的建設與改善方案，而且提出一套完整、全面且實際可行的東西；超聯盟會提出具體的情報數字、需求順序、方案計畫、風險及成效評估來讓選民支持，而不是靠批評對手的口水功力。

如果是大型會議，超聯盟也會邀請眞正的相關專家與會討論，會議前超聯盟會要求這些專家不得將黨派立場給帶進來，超聯盟不是那種想要全民開罵或帶有特定黨派色彩的媒體作法，這與超聯盟致力於構築「明天更美好」的價值，是完全不同的。

超聯盟會提出針對(含跨區考量)施政白皮書的內容、計畫方案與當地的需要是否符合，哪些需要得再修改加強，重新確認這些是不是民眾所要的，畢竟從開始選舉到結束只有短短三四個月，沒有一年以上的功課準備那怎麼行呢？

超聯盟發表施政白皮書時，會依照各種不同社會階層，設計他們可以很快速理解聯盟所要表達的東西及內涵，並讓他們能夠參與互動的措施，這可能是透過電腦多媒體、互動網路、電視節目、電話(或網路)意見訪談或各種其它合適不同對象的各種方式。

這種互動成本也許只有傳統造勢晚會一半不到的費用，但實質效果會遠超過以往數倍，超聯盟只把錢花在人民的知識獲得上，不必製作宣傳個人形象的巨大海報或綿延數十公里的旗海，更不會到處發送令人看到就厭煩的傳單，如果那些候選人要是錢多到用不完，捐給慈善機構仍有助益於社會，難道候選人都是利用重複出現的傳單來證明自己的能力嗎？

當進入選戰時，對於其他競爭對手，超聯盟也早透過「資訊超商」及免費的電腦網路情報軟體來進行相關的情報調查工作，通常這些情報不需要什麼高深手段，就可以從他們的鄰居、同學、往來的客戶或企業中輕易地獲得，當然超聯盟透過虛實合一的情報系統，要獲取內幕的資料也不會是難事，而且資訊還是經過驗證而有眞實性的。

通常這些對手的個人情報，超聯盟只會用來判斷這個人是不是好的候選人，如果是那種專搞特權，靠低劣工程謀取暴利，或是靠黑道圍標硬搶的，才是超聯盟想對付的對象。對這類壞蛋，超聯盟能在幾秒內將他們所有缺德事，透過各種媒體管道傳遍全國，圖文並茂內容精彩地深植人心，就像那些八卦雜誌一般。

另外那些以爲嘴巴喊喊「台灣人民優先」、「打擊黑金」、「教育改革」等口號，沒有全盤考量、缺乏專業及執行細節就想當選的土俗(台語發音)也最好回家去，因爲那種穿草鞋、哭父號母的選舉時代已經過去了。

如果是好的參選者，超聯盟可以把一些收集到的情報資料分享給對手，讓他做好功課後再來跟超聯盟較量，看誰提出來的建設方案更好更長遠；超聯盟的出發點，是爲台灣有更好將來才來參選，如果對手比超聯盟強，有本事做得更好，超聯盟也願意俯首稱臣。

對於那些自認爲皇帝命，生來註定要當總統的，得不到權就四處做怪扯後腿的傢伙，超聯盟早晚把他們打回美國(或其他國家)，將那張自私醜陋的嘴臉給撕下來。

超聯盟會盡量用座談會、集思會來取代沒有意義又浪費的造勢晚會，超聯盟會用超大型投影螢幕、多媒體的數字報表、3D立體電腦動畫、VR虛擬實境、網路、電子郵件(E-Mail)、鄰居口碑或其他各式各樣經濟又有效的管道，根據不同的族群、階層來設計交流活動，除了從各種媒體來推廣超聯盟的價值外，選民們的兒女也會是超聯盟極爲重要的溝通橋樑，因爲純以國家整體利益來考量的價值，不會因爲不同的黨派立場造成親子間感情不睦。

作者不認爲選民他們(指勞工階層)是無知的，只是我們(國家)以前缺乏適合他們的一種全新好的交流方式。之前，這群人只能被動(沒得選擇)接受現有的選舉方式，今天我們要還給他們思考的權利與機會。

這種以知識情報及掌握大量選民需求的建設目標，可以凝聚大家的共識並產生向上的集體動力，而我們所收集的資料，更可以進一步在這種過程中做進一步確認或修正，這種社會團結凝聚力在台灣已經很少能感受到了。

在台灣的經濟、外交近年來飽受來自內外打壓排擠的此刻，我們更能體會凝聚團結力的重要，因爲那條康莊大道正等著我們攜手共赴旅途。

■ 致勝關鍵

在最後一場的電視公開辯論後，超聯盟即進行大規模的投票意願調查，在選舉前幾天，超聯盟就能夠獲得各候選人的得票比例，誤差率可能只有百分之五以內，也許選舉前一天，已經能夠精確地得知自己可獲得多少選票。

未來贏得選戰的關鍵，除了透過強勢的情報網路收集完整的情報外，還要能取得中間選民的認同與共鳴。

超黨派選舉聯盟是透過完整的資訊情報服務網路，直接接觸到每一位選民的需要，而不是靠人情口語收買樁腳的傳統伎倆。

超聯盟要了解潛在他們心中(每個地區居民)，對政府、社會未來的渴望是什麼？國家資源如何在每個地方都能發揮最大的功效，並得到他們內心真正的想法和細節。超聯盟從全方位角度與當地面對面交流，過程中可能得到寶貴的建議和有用方法；超聯盟到地方上和鄉親們討論這些內容，而不是走馬看花、沿街和群眾握手的作戲場面。

超黨派選舉聯盟運用新的作法更能夠引爆地方的熱情和認同，超聯盟會鼓勵他們加入這種自助助人的活動。

在超聯盟的情報調查中就開始與選民們互動，了解他們的需求及對現況的種種不滿，鼓勵他們思考並提出解決之道，共同尋找對策。選民會優先關注他們生活週遭的不便和缺失，那種沒意義的黨派立場便自然淪為次要考量，只要掌握他們的

「心」和「需要」，超黨派選舉聯盟很輕易(因背後有複雜龐大的運作機制)就能取得政權，並展開先進台灣計畫的一連串大改革。

等超黨派選舉聯盟跟這群政客作戰時，就知道超聯盟就像美軍打伊拉克，如同7-11對傳統雜貨店一樣，讓這些阻礙社會和諧發展進步的政客永遠在台灣政壇消失。

而選舉過後，民眾依舊可以提供政府一切的改善建議，在未來的政治系統中，能夠將一些埋沒在社會裡的智慧賢達給挖掘出來，在系統(如特殊官方網站)開闢屬於他們的專屬空間，讓他們可以隨時和政府、群眾對話，當他們傳授知識與智慧時，國家也應當給予這些分散於社會各階層的人才(智慧思想者)生活上的基本協助。

第二部

國家永續工程

第3章

政府體質改造

■ 保障公務員

對於公家機關，大家一定有「規律」、「穩定」、「鐵飯碗」等印象。與民間企業相比，公家機關週一至週五八點上班，下午五點半下班確實是非常規律，工作內容也盡量依照舊有傳統方式進行著，因此當我們有私人事務要到政府機關辦理時，大多數人尤其是上班族，都得請假才能到政府機關辦事。

在民主時代，公務人員只要不犯法，即使「摸魚打混」怎麼趕也趕不走，當他們老闆(政務官)上台，如果他們(公務人員)存心不配合，很容易因表現不佳幾個月就被換下來，原本要服務人民的公家單位卻漸漸變成太上皇。

奇怪，總統四年幹不好也得下來，都什麼時代了？我們不是用「專業」與「績效」的能力表現來管理公務人員，竟然還用「考試」這種方法來保障公務員的工作機會？

也許有人會講：「**公務員因負責國家公務，所以需要特別的方式來保障，這才能夠依法運作。**」

但事實上通過考試，應該只是證明自己符合工作崗位條件，若要以此來保障職位，不是太沒現代管理觀念了！況且不少人花錢上補習班模擬考題而順利考取，這樣就能代表什麼？

跟以往老國大代表一樣能夠死纏著位子不放嗎？

民間許多著名企業，新進員工的考試也不比國家特考容易，即使通過考試進去後，要是日後工作不適合、績效差也照樣會被炒魷魚。

如果國家公務有保密或其他要求限制，難道民間企業他們就沒有這些問題？

管理學的專家們會告訴我們：「**那簡單，用制度和法令來制裁，職位越是重要機密，就用更精密的系統制度和更嚴苛的法令來限制逾軌的行爲發生，只要專門機關接獲檢舉就主動秘密進行調查**。」

既然公務員有比較好的待遇，自然也要有所付出，工作會不會亂來要靠制度來約束，用外部的監控組織和槌子(法律)來防止，這些環節與是否通過考試錄取一點關係也沒有，台灣連總統及行政首長都可以換了，摸魚打混的公務員又爲何換不得！

據協助政府電子化的同業表示「**類似的政府公文系統，每個部會單位都要搞點不同的東西，結果加總起來有八百多套，眞是太離譜**。」網路傳輸時代，難怪政府行政效率會如此低落，如果將文件變成資料庫式的表單欄位，傳統簽名也都改成數位簽章，所有政府機關只需一套系統就能夠彼此快速交流，避免龐雜不易管理及使用的文件式檔案存在。

摸魚打混又自私自利的公務員，常是阻礙國家進步的一大禍首，在一些國營企業面臨民營化的挑戰時更明顯。當政府行政要改革，流程要標準化、電子化、自動化、資料庫化、迅速

化，無法接受適應的人就處處作對設障礙圈套。

或許他們會如此猜想：「**以前一個公文流程要跑幾星期半個月的，如果眞正資訊化以後限定二個小時內就完成，那麼還有時間泡茶、聊天、上廁所看報嗎？上班時間，網路隨時會傳來任務，來了還限制一定時間就得完成，電腦系統內部都定好好的，套用制式範本文件及資料庫欄位方式，連冗長的打字過程都免了，連過程都列入考核績效，以後怎麼抽空去買菜、接小孩放學？連受訓或國外考察機會都沒了，那與民間企業有何不同！**」

政府運作本來就和民間沒什麼不同，除非有些工作只是做做表面文章，拿來耗時間等領退休金時，那就另當別論了。

或許有人會強調「**我是經國家考試進來的公務員**」，但那又如何？做不好，連上面的老闆都得下來了，更何況是當下屬的。

公務員只要工作認眞努力，把它當成是一個責任、一種志業來做，而不是只想佔著養老，那績效考核及科技化有什麼好怕的。

如果全球行政效率最高是新加坡，那我們政府訂個目標計畫來超越他們，不是一件很有意義的事嗎！如果台灣能成爲全世界最棒、最有效率的公務員，那多風光呀！我們的國民在外也可以驕傲地對外國人說「**台灣公務員是全球最有效率、最廉潔、最棒的**」。

■ 危機意識

在中國廈門看到人家的銀行竟然禮拜天也在營業，而且到晚上七點多也還沒關門，看他們忙著吸金，難怪經濟成長率是我們的好幾倍。當時感想是「**台灣金融業，日子是不是過得太好了**」？

雖然國內失業問題日益嚴重，但看許多失業者，包括作者一些朋友和舊同事，成天在公園街上或百貨公司裡閒逛，一整個星期只安排一兩次的面試也不積極找工作，抱著領完失業救濟金再打算的心態，日子還是過得很悠閒耶，有些人還拿這筆救濟金到國外遊玩。

一位住在澳洲柏斯的親戚，不久前來電聊天，說那邊持續多年不景氣，當地許多公司不是倒閉便是縮減規模，他們公司也受到嚴重影響，他們老闆因付不起遣散費只好與他們(員工)協議，能否接受分批輪流上班的暫時措施，薪資只能依照實際工作天數計算，親戚也得無奈地接受這種條件，每人每週只能分配二到三個工作天，據她說一年前有位同事離職後至今，連一個去面試的機會也沒有，很多新來移民，因景氣差找不到工作機會，沒半年又跑回自己的國家工作。

同樣在中國有許多離鄉背景的下崗(失業)工人，硬著頭皮向人乞討一、二塊錢人民幣才能活下去，作者還遇過幾次是一家大小伸手要錢的。糟糕的是即使一天僅一、二塊錢的苦力，當地也沒有多餘的活讓他們幹，連經濟正熱的中國都有這麼嚴重的失業問題，這是否表示以後的工作機會不只是景氣好壞的差異，而是整個產業結構性的轉變和人口過多的相互影響。

有些國家，在這麼嚴苛的時代裡，竟然還只是在強調福利政策、鼓勵生育，卻沒有良性正面計畫(指產業政策、教育制度等等)和積極性措施，結果影響到整個產業發展，降低企業投資意願，導致工廠紛紛尋找合適地點外移，結果使得國內工作職位愈來越少。某些產業還因政府沒有明確政策，而從上到下全部外移，有些產業還因科技進步導致他們急速萎縮甚至消失，這種結構性失業在全世界越來越明顯而且激烈。

■ 不間斷運作

難道員工福利、經濟發展、國家競爭力三者之間不能同時兼顧嗎？

台灣有什麼方法，能夠快速有效地提昇國內的就業機會和競爭力呢？

像作者這個部門是負責軟體研發工作，各種能提高工作效率的設備及方式，我們都勇於嘗試，如果適合公司運作的方式我們也會立即採行。

不久前中國因SARS緣故，所以我們在廈門的團隊全都改為在家上班，如今辦公室裡沒有半個人，但產品開發一樣可以進行，當然我們成員在實施此方式之前都已是熟練新的工作模式，包括網路視訊溝通、網路多人專案控管和新的成果評估方式。

至今，作者幾乎能在任何地方工作。餐廳、速食店、公園涼亭、臥室、書房或廁所，只要能用筆記型電腦的地方就是辦公室。

因此我們工作不需要固定場所，只要小組成員能夠彼此保持聯繫，不管是用手機、市內電話、電子郵件(E-Mail)或視訊會議，任務便能執行。除非是重大節日，否則我們的工作和聯繫都不會間斷，所有人的工作成果也都能透過網路完成。

對我們而言，在家或在公司、何時、何地都能上班，因此在一週的七天裡，隨便哪二天我們都能當成周末假日，只要事先和成員們排好彼此交流溝通的時間即可。

作者常質疑「**爲何我們整個國家、社會、企業經營，甚至是日常作息，要被星期這個東西給限制住？**」

作者很討厭週末假日到哪就是人山人海、四處塞車。星期六、日把大家的時間湊在一起，同時以一種極無效率的方式，將各種資源，如時間、石油、電力、人力，及你我的性命給消耗掉！

作者很不喜歡在星期假日去餐廳用餐、購物或去各種育樂休閒場所，除了交通時間的浪費外，消費品質也常因爲人潮過度集中而打了折扣，我們要等排隊、等服務人員、等停車位，什麼都得等，各種資源就在這麼沒效率的等待中消失。

假日對商家而言也許能夠賺取較多利潤，但這是否也造成許多設備投資，往往只是爲了因應周末假日突增的短暫人潮。

像桃園有些數千坪的大賣場，在非假日時間宛如一座無人的空城，猶似倒閉前的肅靜淒涼一般，但到了假日卻又人聲鼎沸，跟沙漠裡一些看似枯死的植物在雨後又生機蓬勃。

但這種情況如果發生在一些交通不便或偏遠都市的觀光地區，要是週末假日天氣惡劣，一整個星期的等待和準備不就都泡湯了，如恰巧連續四個週末假日都逢豪雨、颱風，那對他們生意可就遭到嚴重打擊了。

難道已進入新世紀的今天，尤其在這麼狹小的台灣，我們就不能避免人潮只在某幾天集中，不能將社會所有資源運用(活動)平均分散於每一天裡嗎？

如果我們可以任意安排自己要在哪一天休假，去哪裡、安排各種活動，這樣就能避開人潮，到哪裡都能輕鬆自在。商家每天也都有一定客源，即使人多，也不至於多到忙不過來，如此一來台灣整個社會的各種源能與資源，就能夠平穩有效的利用！

同樣地，我們政府的運作，能不能一週七天都不間斷呢？

每個公務員依舊是工作五天休息兩天，只是休息這兩天大家巧妙的分散開來，我們可以將公家機關原本要裁撤的人力來填補這個空缺，以因應這種新的工作模式。

如此，我們政府一方面可增加(或不減少)工作機會，又能提高運作效率。

再者，如春節、端午、中秋等這些重要假日，同時間大家一起放假，那才有眞正紀念及節日的意義，否則像台灣有這麼多假日，現在連過年都感受不到有什麼特別氣氛了。

如果政府本身帶頭做這種工作方式革命，許多企業也都會跟進，至少一些與政府業務往來公司會跟著調整，如果政府設計一些誘因讓更多企業參與，如取消周末假日較高的加班費(因爲每天都可以是周末假日)，配合修改勞基法，這麼一來，整個國家便能提供更多、更穩定的就業機會，最重要的是我們企業能每天運作，整個社會(各行各業)都能跟著動起來，各種資源(能源)也能平穩利用。

當我們(國家及各種產業)每週比其他國家多二個工作天，一年下來我們就多出一百多天的工作努力(產能)，隔年台灣國際競爭力一定能往上提昇個幾名。

而企業以後，也不必星期一集合大家開會做收心操，隨時在進行的工作氣氛會自動告訴你要趕緊接續之前的工作，因爲其他人正準備把工作及任務交給你。

而公司將看不見的辦公室延伸後(一周某幾日在家上班)，以往只能容納幾十個人的辦公室也可能比以往多出數倍的人力資源的運作，只要企業能將管理與進度控制網路化，網路頻寬將比空間來的更重要。

當然，當政府機構全年運作時，勞工們也能夠自由安排放假時間，要去政府機關辦事之時就不用請假，或許還不用出門透過電話或電腦網路就能夠完成一切作業手續，如果政府有企圖要將行政效率提高至世界第一的目標，台灣一定可以做得到。

■ 新選舉制度

在選舉及造勢活動過程中，花費上千萬甚至上億經費時，如果自己當選成爲某區議員立委或地方首長後，這筆錢該怎麼算？欠的人情又該怎麼還？

這不僅僅是一個問題，更是一個長久存在的事實，這個事實卻影響整個國家能否廉潔且有效率運作的關鍵！

作者不了解台灣目前進行的各種政治改革中，爲何從未提及如何變革這民主制度的萬惡之源？

難道我們的選舉制度不能很精細地設計，讓選舉過程可以(限制)不用鋪張浪費的方式進行，同時讓每位民眾(選民)都能清楚明瞭參選者的訴求和內容計畫，且能被質詢和檢驗嗎？

假如我們設計一種新的選舉過程，以推動「兩階段選舉」方式來做到上述要求，就可以解決選後可以不用回收選舉成本的制度。

所謂「兩階段選舉」其運作方式爲，參選人需經過「初選」及「決選」，二次選舉後的優勝者才能成爲民意代表或地方官員，總統也可按此方法產生。

第一階段的「初選」，可以保障無黨派、無財力的優秀人士，也能給予進入「決選」的公平機會，而初選投票的多寡就等於該代表的連署人數，也自然成爲能否進入決選的條件，而學經歷要求及合理保證金(也許是台幣五十萬元以內)還是必要的。

但「兩階段選舉」與傳統選舉最大的不同是，候選人在選舉過程中不得自行印製海報傳單，除個人專屬網站外(由政府提供也可以)，個人任何與宣傳有關的任何東西都不能隨意出現，包括禁止在他處網站打廣告。也就是說將來候選人的一切文宣活動、方式與費用全部由政府負責，並訂立全新的活動規範。

當然，這種文宣廣告方式會採用各種不同管道，運用各種科技來達到比以往更好效果的宣傳，而且不是傳統那樣的重複性疲勞轟炸。

「選舉委員會」會將每一位選區候選人的個人學經歷、政見文宣資料交由各區村里辦公室進行配送，過程有考核績效系統進行監督，以確保每一位候選人都能被公平對待(傳統文宣方式)，每一個人都能在公家媒體有固定時間來發表自己的政見和主張，選舉期間政府會特闢電視頻道(或其它更好方式)公平的播放每位候選人的言論，也會建置一個共同的專門網站，提供候選人發表更深入的施政計畫及各種主張，方便與選民之間互動。

以後各黨派參選人，也可以藉此系統來決定代表，候選人不會被政黨中的少數人給左右，這對政黨理念化、國家清廉化發展會有決定性的幫助。

「初選」會在「決選」開始的前半年完全結束，「初選」中最佳的前五名(位)得進入「決選」階段。

進入「決選」的代表們有至少半年的時間來強化自己的主張和政見，檢視其內容是否有漏失，修正不合理的計畫，如果是地方首長選舉，那政府相關部門要將「非機密情報資訊」提供這群準首長們了解，並安排至府會聽取相關業務簡報，讓他們對以後要接觸事物有概況性的認識與了解，當選後的首長也能儘早進入狀況，如此才不會出現以前那種批評對手「沒行政經驗」，不該是政見的政見。

「決選」時的文宣運作與「初選」時大致相同，但會增加更多場的即時電視辯論會，方式就像現行的辯論會一般，這時候比的除口才、反應外便是看本身對相關事務工作的準備，後勤幕僚所收集的情報是否全面，計畫是否完備可行，眼光是否長遠來決定勝負，往後那些專長在口水攻擊，以及錢多卻沒本事的政客們是不大容易當選的。

這種沒負擔的選舉方式，官位不再是花錢買來的，自然也沒有理由在當選後，把國家資源當做個人使用，而台灣人民也必須重新設計一套更好的監察系統，眞正來防止官員及代表們有不當行爲發生。

■ 媒體大整頓

這裡指的公共媒體，是指由政府及相關部會所掌管的新聞媒體，如台視、華視等政府還有影響力的官方媒體。

有些人可能會擔心：「**媒體大整頓，是要將政府所掌管的新聞媒體變成一言堂？**」

請大家放心，媒體大整頓不是爲了那種目的。因爲「媒體」本身就是一種高科技產業，因此該產業(企業)也必須具備尖端的科技研發能力。

以日本NHK爲例，該公司與國內的各大企業合作，NHK本身設有科技領域的研究所，研發如HDTV、衛星數位傳播、航太衛星等先進技術，並能充份與該國國內各種相關產業結合、自行或委託合作企業進行各種技術實驗，同時結合各種傳播技術和商品設備。

媒體產業，絕不是我們新聞局官員所認知的「**媒體是製作節目影片，透過廣播電台輸出**」如此簡單。

如果政府在目前媒體的股份還足夠的話，可將這些公家媒體合併成類似NHK(日本)這種以提供產業新聞情報、具研發與國防功能、有實力整合產業的「新聞情報企業」(組織)，提供台灣企業在國內外各種精確有用的情報資訊，讓台商在全球市場不再單打獨鬥，同時國內研發單位也能夠掌握最新情報。

至於那些搞怪愚民節目，就該全部交由民間的商業媒體自己去製作，好壞由市場決定，政府完全不參與，國家也不該花大筆公款去製作愚民節目，如果政府從愚民節目中賺取利益，那實在太對不起每月從薪資中得扣繳稅金的民眾了。

政府反倒是要多製作介紹一些對我們國家、土地有貢獻的人物，如較深入的「人物誌」性質節目，在各行各業或不同學術領域中，有社會標竿及道德價值者，媒體應當好好將這些人努力不懈，不畏艱困勇往向前的事蹟傳播開來，讓這種正面的、眞實的、能鼓舞人心激勵大眾，領導國人面對任何問題，面對挑戰的精神，讓這種台灣文化的對挑戰的事蹟貢獻的人物誌能夠在這塊土地上發芽茁壯，而不是逃避問題，老想著如何移民海外。

■ 科普教育

科普教育是指：「將科學知識與思考方式，落實在一般民眾的日常生活及社會活動裡」。

中國有十一台共同的節目台(全省都能看到)，讓作者較爲注目有最近才新增的二十四小時國際新聞台及以「科學和教育」爲主軸的科學教育台等兩個頻道。

其中的「**科學教育台**」實在令作者看了以後自覺得慚愧，或者應該說是作者爲台灣教育單位感到羞愧。

作者曾與國內朋友聊到中國這個科學教育台，他質疑說：「**我們第四台裡也有類似的科技節目台，而且很多，如**Discovery、**國家地理及探索頻道呀！**」

但如果我們深入思考，會發覺國內這些所謂的科技教育台，只不過是拿人家(外國)已經做好的節目，以商業方式來運作，一集一集拿來播放，這與培養我們整體國民的科技涵養，將科普知識落實於日常生活是完全兩碼事。

看那些節目內容全是外國企業、外國品牌，看久了會讓我們產生「**人家科技已經發展成那樣了我們還搞什麼搞，買國外現成的東西來用就好了**」，而科技背後的形成緣由，怎麼一步步的完成，他們政府、學校、企業、法令如何配合運作，如何設計制度，用了什麼設備等種種關鍵細節，人家不會一五一十清楚地告訴我們的！說穿了那只有商業利益考量，那種節目根本不可能與我們產業或每一位國民產生互動。

中國花費巨資來做屬於自己的科技教育電台，全力推動「科普教育」，讓科學知識與觀念普遍建立在每個國民身上，不足之處才藉助別人的東西來充實。他們就是因為了解，唯有國家的力量進來，才能做到眞正的科學紮根，自己如果無法將國家內的教育、科技、產業、人才、生態、自然結合起來，自己的科學基礎就無法紮根，也無法建立屬於自己的科技價值。

以台灣現有的那種純進口科技教育節目，根本無法與整個社會及科技發展互動起來，如果我們國家力量及社會各階層沒有加進來參與，即使台灣有十台進口的Discovery頻道，恐怕也比不上人家(以國家力量推動)的一台。

台灣如果打開新聞，依舊是那些政客口水、私人八卦、哪裡發生火災車禍的話，我們今後的科技發展會以數倍甚至百倍的速度落後中國，這絕非危言聳聽，而事實也已經是如此了，台灣要趕緊努力追上並想辦法超越才是。

■ 政府新部會

政府要面對新世紀的挑戰，首先得成立兩個重量級的單位，一是「**情報部**」，另外是「**科學暨科技部**」，地位與「部」同級。

首先「情報部」會接管原本新聞局所有的業務和機能，並負責公共媒體大整合的工作。

「情報部」對所收集國內外的各種情報，會比以往各部會所收集的情報更加全面且完整，其組織及運作也會深入到各部會內配合運作，「情報部」會依本身的需求委託所屬研究所、中科院、中研院及民間產業研發所需的各種設備和系統，往後政府所需的各種情報，如某個國家的地鐵交通如何規劃，怎麼經營的情報，該政府單位直接向「情報部」提出需求，就可以獲得比自己部會與一大群人重複去考察要有更完整的資料，包括他們(外國政府或企業)如何計畫設計，採用何種設備，訂了哪些法令，都會有大量文字、圖片、影片甚至是具機密性的資訊。

以後我們的政府官員必須了解整個國際及商業狀況，尤其是海外的神經網絡(指駐外辦事處)，必要時「情報部」相關組織可進入配合(以合法的情報收集爲主)，如果是協助經濟部會的情報部門，那可能就複雜多了。至於軍事及其他部門「情報部」都會建立特殊的系統，國安局系統也可以融入其中。

「情報部」可以將我們從「選舉機器」或「養老院」般的生鏽政府，立即昇級成一個具有精密大腦，有個全面吸收、迅速反應的情報神經網絡。

另一個部會爲「科學暨科技部」，該部偏重在重要科學科技的政策制訂上，並著重於統一其他部門共同研發及推展層面。如IT資訊軟硬體、能源、生化等重點科技產業的研發部份，對於國家重點產業，可以透過「科學暨科技部」給予缺乏科技與技術背景的「經濟部」強而有利的後盾，也能整合中研院、中科院、各大學及產業研究單位機構，分派任務與資源，共同分工進行，台灣產業如果要打國際戰爭，必須發展一套比日本產官合一還要能整合全面資源、彈性多變的全新運作組織。

當「情報部」收集到未來趨勢動態，及較高複雜層面的訊息可交由「科學暨科技部」進行後續工作，「科學暨科技部」會了解本身(國內)及外界(其他國家)的科技基礎和實力，分析後訂出行動戰略，各部會依其方針展開行動，「情報部」與「科學暨科技部」是二個非常密切合作的單位，「科學暨科技部」提供「情報部」技術系統(如同武器)，「情報部」則是提供資訊情報給「科學暨科技部」做規劃，兩者搭配威力驚人。

「科學暨科技部」也會負責國家的電腦運作系統，政府往後所使用的軟硬體系統，統一由該部規劃設計，民間企業可以共同參與研發(提供技術)，政府逐步導入系訊化系統，必須透過本身的專門部門來開發、建置，不管在安全性、適用規範、長期性的即時調整、成本考量等，都會比發包給民間企業要來的價廉、實用、可靠與安全。

對於全國民眾的科學教育推廣工作，也由「科學暨科技部」、「教育部」及「情報部」、「經濟部」、「國防部」等各部級單位成立常設委員會，由總統或副總統擔任委員長，全力展開國家科技深耕行動，積極推動台灣的科普教育推展行動計劃。

■ 最小部門

在政府的行政系統中，村里長除了選舉與社區小型公共工程之外，幾乎沒什麼重要角色，村里長的辦公室往往就是村里長自己的家。當初日本人留下不錯的管理都市社區行政單位，但我們並沒好好利用它，如今僅淪爲選舉用途實在可惜。

如果好好運用資訊科技，鄰里辦公室是能夠建設成政府最小的行政管理單位，可以發揮很好的地方行政管理功能。

政府可以將原本的地方行政機關，如戶政、地政、人口流動、警務及其他行政業務建置，以此爲最基礎的設計和建置單位，當然鄰里辦公室必須由政府本身擁有，而不是村里長自己的客廳，村里長將是一種專業的職務工作，也就是村里長不該是兼職人員，而必須是專業、專職的工作。

今天到東京如棋盤般的都市中，可以看到在每個丁目(約我們的里鄰)都會設立一間小派出所，僅配備警棍的警察隨時都騎著一部腳踏車在自己的管區內巡邏察看，如果我們掉了東西，有人撿到的話(拾金不昧)，通常到該區的派出所就可以找回，而且當地居民看到他們這種類似社區警衛的警察，心裡也會覺得自己是生活在一個安全的地方，知道附近隨時有人在保護我們的安全，維護當地治安，作者想這些社區警察也以此工作爲榮吧！

現在，我們是否也該重新定義鄰里的功能和角色，而且使用科技讓他小而強、小而壯。如果我們政府在每個里設有專屬的辦公室，除了有日本那種小派出所功能外，還設有辦事員可以處理居民戶政、地政、人口流動的簡易管理功能，有個里長辦公室來協調糾紛、陳情、建議等，也可以整合類似如「資訊超商」的系統來服務居民，如此政府的末梢神經才能發揮強大功效。

■ 資源擴大

如果可以，我們將現有的北、高兩直轄市的地位取消，將所有的縣級政府(含離島)提昇成由政府直接管轄，如果中央覺得管理過於繁雜，也可以將數個縣級政府合併成一個省，那麼整個台灣也許會成爲六至八省及各離島的一級政府。這就會有兩個完全不同的系統：

一是，中央政府→縣政府(18個)→市政府→區→里→鄰

二是，中央政府→省政府(8個)→市政府→區→里→鄰

人民只選舉省或縣長，市政首長均由省或縣長選派，這可減化選舉與節省整個社會資源浪費，更可減少不同族群間的對立，在第二種系統中，政府有較大權利，也有較多的資源和土地可調配規劃(例如交通網、電力供應等)，此架構能使台灣朝國際化發展較有優勢。

而實行這兩個系統，市政府的結構也必須擴大調整，以新台北來說，它包含整個大台北、基隆甚至是桃園縣市。總統府附近的仁愛特區劃爲特別區(與省同級)，台北省下直接管轄台北市、重洲市(三重蘆洲合併)、新股市(新莊五股泰山合併)、林口市(整個林口台地及八里)、陽明山國家公園、環北市(淡山、三芝、石門、金山、萬里)、基隆市、北海市(瑞芳、貢寮)、北山市(坪林、烏來、三峽)、臨北市(新店、中永和、板橋、土城)。

這需國家及各鄉鎮共同討論來尋找對國家最適當、最好的新架構，以上作者僅提供讀者們一個思考方向，包括我們的憲政大架構，是否應當學習已經有兩百年憲政經驗的美國。

第4章

先進的教育系統

■ 教改迷思

最近教改議題又浮上檯面，但與以往不大相同的是民眾們不再以熱切殷盼的心情來參與改革，反倒像是一場戰爭慘敗的批鬥大會，有人還以「**天怒人怨**」的字眼來表達心中強烈不滿。

確實，以前漫長時間所進行的教育改革是眞正失敗，讓那群勞心費力的教改者，面對來自四面八方、各個階層紛湧而至的批評也難以發出反駁之聲。

但不可否認，當時教改推動時社會大眾與各個團體都有提出很好的教育改善方法及各種資訊情報，只不過我們的教改團體並沒有從根本(本質)上的問題來著手改革。

目前教改是一邊改，另一邊還得顧及舊有系統能照常(舊)運轉，結果缺失的本質還是存在，但問題卻變得更加複雜(例如聯考)，最後弄得該改的沒改，原本能順暢運作的卻改得令大家無所適從而怨聲載道。

每每有關教改議題時，我們一定會聽到：「**看哪，我們設了那麼多大學，結果高畢業就高失業，大學生的素質卻越來越差**」等言論。

作者借用不久前某中國教育官員和某教育節目主持人的對

話來告訴那些人，看看一個明明擺在他們面前卻看不見的現實問題。

主持人問一位中國教育官員說：「**今年我們有高達二百萬名大學畢業生大約有XX成的畢業生找不到工作，高畢業是否也造成高失業，您認爲我們大學教育政策是否要修改？**」

該官員回答：「**這些人不是畢業後才存在我們社會中，不管他們讀什麼科系，他們原本就存在那兒，不會因爲沒有讀大學人就消失不見，要是那些沒工作的大學生只有高中畢業，沒專長，那他們一定會比現在更難找到工作，這對整個國家社會反而造成更大負擔。大學畢業生有較好的知識水平來投入新興產業，學生也會自己充實其它知識技能來符合工作需求，然而有沒有工作崗位？那是工商單位自己要付多點責任去協調解決的。**」

以今天的社會水準來說，大學畢業生只是現代人完成一個必備的學識基礎而已，但有不少人卻認爲大學畢業生就不該去做某些工作，也許是勞動或具危險性的工作，眞不知道在新科技時代的今天，怎麼還存在這種想法？像德國賓士的汽車修理廠內黑手(修車師傅)有很多是碩士、博士頭銜，人家也是樂在其中(如從小的願望及志趣就與汽車相關)，賓士汽車也因此才會發明各種先進高科技的裝置配備，而且現在是透過機械來控制機械，安全性比以前要提高了太多了。

如今不止汽車業，國外很多傳統產業的基礎工作，都已經不是從前那種沒讀書、低學歷能做得來的，要是台灣眞的進步，以後連農夫也得學習國際貿易、攤販小吃也必須具備如食品營養、品質控制、企業管理、客戶心理學等專業知識，這些條件在未來國際化的台灣，都是稀鬆平常。

如果說學生素質差，爲何沒人批評是萬年打混教授(老師)、學校粗爛教學所造成的？學校沒做好QC(品質控制)，怎麼批評到學生身上去了呢？而教學生的老師們也得不斷吸收新知科技，否則當他們跟不上時代進步時，又該如何來教育比他們知道更多知識(能力)的學生呢？重要的是，教育部不將「**入學困難、畢業容易**」的制度轉變成「**入學容易、畢業困難**」的方式，老師與學生之間的「**只要不要混得太誇張，都能順利畢業**」的默契(心態)怎麼改得掉呢？心想老師自己也是考過來的，自然將心比心放水讓學生過關。

而不同資質的學生，也應該有適合他們的「大學」來提供學習機會，教育部及社會大眾實在不該、也不可能讓每個畢業生都和台大、清華、交大一樣水準，要每一個人都當醫師、設計半導體？如果台灣社會要「大學」的素質都一樣，那麼誰有本事把全國所有學生的英文或數學能力都調整到八十分或一百分，這種沒意義的要求，如同要「大學」素質一致是同樣的無聊。

我們(教育部)何時才有像美國大學公開的評鑑(年鑑)系統，可供全國學生和家長參考呢？有公正的競爭性指標時，這樣對那些隨便辦學與打混教授才能發揮警惕作用！就算是文憑主義好了，也不要讓社會大眾以爲，有畢業證書就「什麼都會」的錯誤印象，如果教育部評鑑系統不公開，做的不好，最少也弄個文憑分級制度來導正視聽！

而國內有如此多的學校，難道就沒有幾位經營者有建立如「常春藤」這種國際一流連鎖學府的目標與遠景嗎？

不少畢業學生工作一段時間後，自認「學非所用」的問題非常嚴重，這其實是傳統教育限制了個人資質發展的後遺症，如果我們教育系統能重新修改，學生們不僅有「高學歷」而且還有「雙重學位」，那還有什麼「學非所用」的問題。

當學生們能具備「雙重學位」，以後台灣各行各業不管在基層或研發單位才能具備堅強的實力，否則一些昂貴精密的醫療設備研發，我們永遠別想跟得上別人(先進國家)，像國外這類主持人很多是同時具備醫學、電子、機械等數個領域的碩博士頭銜，在美國不管是公家或民間的頂尖研究機構，同時跨三、四種以上領域的專家多的是，人家強盛的原因就在這裡。

作者到台北車站或東區街頭，經常看到等著重考大學的補習生，下課後不事生產悠閒地玩樂，今年考不上明年再繼續，聽他或她們聊著極無聊空洞的內容、例如去那個國外度假勝地玩或買什麼一兩萬的名牌奢侈品，這些國力(包括年青人的生命)就這麼消耗消失在補習上，難道教育官員都感覺不到這是多嚴重的問題嗎？這是整體國力的嚴重浪費呀！

再者，中國將台灣大多數產業吸過去，如果我們教育產業還不振作、不開放、沒有更多學校、沒競爭、沒有更好的教學品質、沒有將補教業整合、沒有國際級的學校經營制度與系統來吸引中國或其他國家學生，我們學生將會陸續到中國讀書的趨勢會更爲明顯。

因爲中國教育越來越有彈性且國際化、重點是多又便宜。中國除類似聯考的升學管道外，還有自考(類似函授在家自修，可單科累積計算，有足夠學分後申請畢業證書)、和脫產(名稱有點奇怪。這是指沒通過聯考的學生可全部自費上學，上課方式與通過聯考生一樣)，有些大學還訂立更好條件(如免試入學、專用教室和廁所、一年學費三千多美元)來吸引港澳台學生。我們不知精進及國際化競爭的教育系統，以後還能靠什麼發展？

所以現在我們要更充足國內的教育資源，要更多元、更自由、更有彈性，多到可以創造上億美元外匯收入，同時培養出超高(深)、超廣素質的國民(人才)才是台灣教育應走的大方向，人人(台灣人民)至少都有大學畢業(最好是兩個學位以上爲基本目標)的基本水準，台灣只有靠「整體國民素質水平」來贏中國，才得以進入世界先進之林。

■ 教育原點

人類與其他生物不同之處，就是我們能夠將新發現的「**知識**」，不管是自然現象、物理原則、計算公式、科學新知、化學反應、工程製造、心靈感想、哲學宗教、生命理義、XX方式、YY方法記錄下來傳給他人，還能運用「**工具**」來達到知識中的目的作用。

其實現代教育系統也不過是將上述的「**知識**」、「**工具**」透過有系統組織的方式運作，再加上政府及教育專家們的某些「目的」，而在知識學習系統上添加某些強化因素而成的一種制度。

就我們目前的教育系統來比較，或許古代中原(漢、唐、宋)的教育內涵，比現在以考試爲主體的知識學習(教育)系統還要「良善」的多。

他們在二十歲成人時就能具備一個成熟人的內涵，他們不是爲了聯考高分，而是大量廣泛的獲取各種知識眞理，鼓勵對各種事物的探索追求，明瞭透徹其事務內涵、同時將藝術、技能專業融入而自然循環法則理，使生命具有意義的哲學上。

現代化科技不斷發展，新理論和未知的自然物理現象不停地被發現，相對也產生更多樣且複雜的超強工具。但台灣的教育還是死抱著傳統教育理論，人民學習知識的內容、方式進度，還必須由掌握教育資源的官僚來制定，國家政府還對學歷人數進行系統上的比例管制，這些完全違背人類依照自己需求來獲取知識的本質，教育官僚只有能力藉著最簡單的粗糙系統、法規與考試工具來操控國家教育資源，它那無能狹小的一面正不斷凸顯出來。

看中原一些燦爛輝煌的朝代中，他們能在二十多歲三十出頭就可以有條不紊地治理一整個比台灣大上百倍國家。那些統領千軍萬馬，謀略高深的英雄能夠逢戰必勝、技藝精湛超群的各種工匠與技師們連現代工藝都要佩服，與目前我們的差別關鍵在那裡呢？

今天我們教育內涵被加入了過多的政治目的的東西，把焦點放在那「幾本教科書」與「考試分數」上頭，**「將國小到高中畢業**

這段寶貴又精華的生命階段，浪費在知識大海裡的一小點上，爲的只是比別人多一分、二分的考試競爭上頭，學生的未來不斷地被教育與考試系統分門別類」，而那群被競爭淘汰下來的人，政府似乎當作他們不存在於這個社會，這眞是人類進化史中最「失敗」、最「可悲」的事情。

考試才能升學的手段，完全摧毀了人類獲取知識的本質和目的。階段式學齡學年制，加上因政治及考試目的而編制出來幾本教課書，完全將人類與生俱來的特質天性給完全磨滅，人類的知識竟然還有分高中、高工、高職或五專之分？這便是台灣教育的大盲點。

在我們粗糙的教育系統內，連心智都還沒成熟就成了傳授知識的老師(師父)，老師也能像工廠生產線裡的產品，依照教育官僚制定的一致性品質(觀念價值內涵)快速地被製造出來。讓這些老師們藉由廉價教育的三大法寶(武器)：**「課本教案」**、**「考卷」**、**「標準答案」**，就能快速得出被灌輸成果(成績)爲何？

這和一些指導修行者的師父們，用各種方式淬煉來驗證修行者是否理解他們所要傳授的眞理，而且能夠在日常生活中實踐、活用的教育，是完全不同的。這種教育沒有分數概念，只有傳授知識後給了他們多少生活上(指人生)的幫助，他們所學的(接受教導)能否令其圓滿生活，而且沒有盡頭地累積(知識與智慧)，也會有不停的創造，如同生命永不止息一般。他們不會強迫你一定要做什麼(如職業)、學什麼(專業)，他們說一切隨緣、隨性(個人的志趣喜好)，教導者要我們找尋適合自己的師父(老

師），來向他們獲得智慧(知識經驗和思考方式)。

他們的考試(能力驗證)是以複雜精細而有智慧的方式進行。它可能是各種觀察、言行、舉止、行爲細節、與他人互動談話、文詞背頌、革新創造等等，裡面不講淘汰，只是時機是否未熟，雖然道行有深有淺，但人人都能得道成佛(神、科學家、教育家、政治家，成什麼都行)，不同的知識傳授，就用適合它特質的方式來考核驗證。

就目前台灣現代教育制度及系統設計而言，在本質上就存在嚴重缺陷，教育已成了政治上的統治工具，教育官僚及其法令制度，限制了「知識」及「工具」的發展和範圍，造成中華民族近百年來國力不振、科學落後、民主不彰，在國際間僅能以模仿、抄襲、改良別人的發明來求生存。

教育要改革的本質，必須要從這裡出發才對呀！

■ 先進教育系統

傳統教育系統對於「知識」的本身並沒有做完整分門別類及保存，也就是說現有教育系統只是規範學校、老師與學生之間的互動關係，偏重行政功能與校務管理機制，但對於眞正的主角──「知識」本身與獲取知識的「人」反而成爲次要配角，也就是說教育裡面並沒有一個完整的人類知識庫存在，教育部眞正推動的內涵(知識)是空的，知識只是放在圖書館內，只是一本一本的書，而非一套完整可成長的知識庫。

當然在傳統時代，學生必須到學校聽老師講課，包括與同學互動才能夠獲得知識，或者還安排體育活動來強健體魄等，因爲當時的客觀條件因素而不得不如此運作。

而先進教育系統是一套架構在人類所建立的知識及工具上，大量使用成熟平價的科技技術，有系統地來建構人類已知的所有知識，並將政治干擾因素降至最低的新系統。

首先，我們得將人類所有已知的知識(包含工具)，做有系統的分類和整理，這有點像圖書館的分類，但更複雜許多，層面極爲廣泛，例如歷史博物館內的分類，或是各式電腦軟體分類也都包含在其中，而且分類的程度會像針頭般的精細。

這個系統也許可稱作人類文明累積的知識庫，它不單是一個行政管理系統，而是深入到知識的本身內容做有系統分類、保存與關聯。人類新知識及教育學習制度便是架構在這個系統裡，這種知識教育系統也只有國家才有能力建構。

每一個知識基礎或知識點，都可能是另一個知識的起源，因此這個將是關連複雜的龐大系統，而此系統便是我們新教育的系統核心。

當知識分類初步完成後，各種知識將依照人類學習過程(吸收)的難易度、相似程度定出順序位階來。簡單比喻就如同將國文、英文(語言會話)、歷史、地理、公民道德、數學、化學、生物、物理將這種知識內容分門別類，依難易和關連性訂出各種不同學習階段。

知識內容有時會濃縮成一句(段)話、一個公式或一個眞理，這便記錄成系統知識主軸，當人們在學習(吸收)這個主軸知識會難以理解，所以有關於這個主軸的各種解釋、譯注、證明相關的知識，便可無止境地延展、增加更多的說明內容，這有點像人類成長細胞分裂而不斷茁壯，能夠變的龐大與完整。

「所有的知識被分類分級後，人類可以依照個人的興趣特長來吸收已存在的知識，或研究新(指世界還未存在或遺漏掉)**的知識」**。

而學校依舊提供集體學習的場所但並非唯一，而老師將不存在或無所不在，以後老師也許只是開釋點破及引領的角色，教育部也得新設一個機構，來評量學生某領域、項目階段所學習的成果，那是一個依照不同知識領域、特質所訂立出來的多種考核方式及系統。

教育部或學校依舊能頒發學歷或學習證明，如商學士，只要財務、會計、商業法規等，該學校所認爲應具備的知識層面(範圍)、等級都符合條件，再經面試通過後便可以取得。有些學校可能會要求學生，得經過某些教師的審視考核過後才頒發也說不定(國小、國中、高中畢業證書亦同，如果那時還有需要的話)。

通常「**各類別等級的課程，隨時都有人教，學生也可能透過電腦網路方式進行，知識**(教育)**學習是一直在進行，有些學校可能只教某領域等級之間的課程，可能每週開課，也許連老師都是彈性的，甚至能一對一的教學**」。

新教育系統是不分寒暑假，也沒有白天晚上的區別，也許可以看見祖孫一起上同樣的課程。新教育系統沒有留級問題，不會像傳統教育會莫名其妙地浪費你一整年的時間重修。我們在那裡中斷，可以在任何地方從中斷點繼續開始，我們可以隨時畢業，也可以隨時再求學，或者說我們永遠都不會畢業。

某個階段等級的課程結束，我們可以向教育部申請學習認證，且統計所有學習記錄，向符合資格學校申請某種知識領域的畢業認同證書，學校可以在系統內查到學生所有的學習過程(如果此學生授權該學校來查詢自己的資料時，可指定時間期限及學校編號和本次授權碼給這個學校查詢)。

當我們與新知識教育系統互動(學習或研究)時，我們提出的意見想法或者創意也可以成爲知識系統新知識。教育部的知識管理單位，會將創新有價值意義的知識，放在或新增所屬的知識領域之中，這個新知識將迅速被百萬人檢視、驗證或加註延展，而在所有的產業都能運用該新知識，如果提供者有專利保護之知識，新知識教育系統能夠協調雙方進行各種方式的交易或授權，政府也可能基於大眾福祉將知識專利權買斷，以供全體國民無償利用。

運用工具是人類的特點，先進教育系統中也特別注重將工具融入整個系統，例如在學習地理知識，學生可藉由一些呈現科技工具，把自己帶入那個環境中。在現代科技發達的時代、像傳統歷史、地理的死背考試就可以改用討論方式取代，相較於只教他們利用電腦及網路來查詢收集更完整資料，還來的實用些，如果是用小組討論方式進行，有人曾經去過課程內的國家地區，讓他發表實際的經歷將更加寶貴眞實。

了解知識內涵同時能夠活用知識(包括透過工具)遠比死背知

識來的重要，而活用這才是知識原有的價值，也才是新系統所要達到的目的。

除此之外，系統還應具備知識更新及學習更新，這個系統會主動通知已學習者，必須更新他們已知的知識。

在這種教育系統裡，每一個人都能成爲屬於自己領域的天才或專家，在這裡每一個人都有機會取得數十個學士或博士學位，也許是在年紀還不超過三十歲時。而知識的突破創新更是這個系統致力的方向，這個知識教育系統可以使學習者(不管此人年齡爲何)在學習知識過程中，也可能同時創造、發現或觀察到新的知識，如果我們能夠擁有全世界(或別人所沒有)的知識時，這可以將台灣帶到世界最頂尖的地位。

每一種知識領域都各有不同的評量系統、方式和標準。在教授該領域等級的師父(老師)至少是完全了解其內涵，學習者也以藉由工具(如電腦及網路系統)充足豐富的延展說明，了解其知識眞正的意思，如基礎物理中的「水結成冰」，我們可以透過這個系統，了解它的物理變化的通盤性解釋說明，還可以查看一些名人是如何解釋，和各種有關的過程或實驗圖片，影像或其他領域如化學產生的一些關連，包括哪些工具能使水結冰這種延展，就如同我們大腦那樣複雜交織關連著。

現代教育系統，本就應該隨著文類文明(知識與工具)的進步而進步，新的教育系統和學習方式可以使人類進化的更快，可以使我們的知識和文明乘倍數前進，只要我們好好建立這個全新的教育系統，學校、教室、老師、學生與社會產業之間的互動將全然不同，以後企業和工作場所本身就可能是該領域的知識研究中心，如果政府鼓勵並協助企業聯合設立研究所，台灣的研發實力將提升數倍。

■ 新社會運動

當先進教育系統未建立完成以前，大學教育系統可以先做因應調整，把大學資源建設得更充足，讓人人(不光指年輕學生，而是包含全國成年人口)都有讀大學的機會，更將補習教育整合到正規教育系統裡面來，讓國民學習所需要的專業知識，配合新的上班休假制度(見第三章的不間斷運作的政府)、安排自己到大學裡學習課程的時間，政府要使整個社會燃起知識學習的狂熱風潮，並將今天教育的水準由大學提升至碩士甚至是博士以上的水準。

教育部應該鼓勵(透過電視媒體)民眾學習美國那種工作一段時間後(指已進入社會工作者)，隨時再進入校園充實知識與技能的文化和習慣，扭轉進入社會就與校園脫離關係，不是工作就是讀書的老舊思維，我們教育系統及產業間也必須配合調整，規劃出一套合適的新制度系統來。

這股風潮能將台灣人的鬱悶、悲觀、痛苦一掃而空，用學習希望(包括學歷誘因)將族群對立給消滅，讓台灣人的臉上充滿愉悅的神情，彼此互相幫助，以自信樂觀的態度來處理(面對)問題。

當人們忙著學習新知識技能，和來自各種不同階層的同學討論功課，怎麼做報告更好時，誰還管政客們的口水？那些膚淺、情緒性的政治議題都會自動消失，政府要創造一個全國「**社會新學習運動**」，這對台灣未來發展，將是一個重要的里程碑。

第5章
環境重整

商業警察

商業警察，顧名思義就是專門防止經濟犯罪的警察。不過這裡的商業警察並非專司影響國家經濟重大刑案，而是處理一般較不合法的商業活動，如取締攤販、路邊發送傳單、賣玉蘭花、商店漏開發票、建築違章、營業場所安全衛生、環保維護等民生商業活動。

這些我們已經見怪不怪的非法商業活動(如攤販)，也許一般大眾可能覺得這有那麼嚴重嗎？但是作者絕不這麼認為。

第一、我們如果要成為一流的國家，攤販問題一定得解決。就算是很特殊的情況、地區(如著名觀光夜市區)，也必須能做到完善的管理工作，如數量及營業內容的控制、場所地點、大小範圍、基本品質及安全要求(如用水及食品保存衛生、廢水噪音污染等)。當糾紛或各種意外發生時，也能夠有處理解決機制，這是整個社會(國家)水準昇級的第一步。像日本或韓國攤販不像台灣能隨便設置，外觀上還得按地方政府規範，統一製作相同樣式的「制式攤販」，如果是小吃還會規定要有防塵的設計。

第二、保障那些合法繳稅，同時依照政府訂立的營業規範的業者商家。因爲高科技行業有許多優惠措施和專利法保障著，但對那些其他也是照樣納稅的傳統商家，可能得花費龐大金額來購置符合安全衛生的生財器具，如果連一個規範公平的競爭環境都做不到時，政府還有臉對這些行業課稅嗎？

而且最近景氣不佳，不管是車輛或傳統路邊攤販便不斷湧現，如果每個人都想說：「因爲大環境不好，這些人這麼做也是爲了生計或更感人理由而情有可原」，那便是整個社會向下沉淪的徵兆（不正確的慈悲），這樣對那些合法、照規矩經營的業者豈不是「**雪上加霜、落井下石**」逼他們轉行做攤販。

政府談傳統產業升級，根本就是舌燦蓮花。在台灣很少出現像日本那種經營三代、傳承上百年的糕餅店或小吃店。相對也沒有人會想一輩子當攤販，他們只會賺夠了錢買房、買車、過好日子。像一些職業攤販，更是看什麼流行就換什麼，誰管什麼堅持數十年上百年的經營理念、品質無可挑剔、信譽重於生命、技藝達到出神入化的境界。

而攤販給我們唯一好處就是訓練人們超強的腸胃以及討價還價的能力。

■ 正規化

政府有心想把整個國家商業活動正規化，一定要採嚴厲的取締手段。

作者曾到新莊中港路某洗車廠洗車，一陣巨響轉頭望去，看見對面一個檳榔攤被環保大隊拆掉，問他們怎麼了，某個小伙子答說：「**待會縣長要來巡察，這條路上的架子、檳榔攤、房屋廣告都要拆掉**」。

但縣長走後那些攤販又馬上擺好營業，要是環保大隊(或以後的環保及商業警察)天天罰款和拆除，他們還能不消失嗎？

除了嚴格取締和產業輔導升級外政府還得將病症給根除，要是因爲正規成本與攤販差距過大，便無法解決不法商業活動，如果是因5%消費稅過高而很難推動商業正規化，那就降到4%甚至是3%。日本只有3%消費稅，也讓他們的經濟成長持續很長一段時間。

要是我們能夠將攤販(地下經濟)變成極少數，甚至是消滅，這種降低消費稅制的手段對我們長期發展是絕對有必要的，加上嚴厲執法及便捷繳稅系統配合，在一個總統任期便有成效展現，那時的台灣經濟又會有不同的局面，也許更多人繳稅後說不定政府稅收也會增加。以後我們也不會在自己住宅騎樓下，看到放在外頭的爐台、冰箱、桌椅、廚櫃、油煙異味和污穢排水。

在台灣，便利超商是全球密度最高的地方，但攤販卻還是可以長期興盛不衰，這是否意味著我們便利超商的經營內容、服務方式，還無法滿足台灣人民的需要，便利超商還有很多改進空間，或者有心的大企業應當能思考一下，發展出更新型的便利商店，這樣台灣攤販文化才能逐漸萎縮甚至消失。

在東京四處可見的自動販賣機，來到台灣後，因發展定位錯誤，和便利商店衝突而一直做不起來，或許業者高層是缺乏思考甚至未深入其產業核心，沒有全心投入。其實業者只要用心，不是只光專注財務面上，台灣應該還有很多商業模式可以發展，經營者能深入本業中，一定能夠創造獨特商機進軍全球。

日本的「吉野家」(賣牛肉飯)、「摩斯漢堡」都能向全世界進軍了，連香港的「美心快餐」都懂得運用台灣各地特色小吃來發展。所以，我們產業只要朝大型化、連鎖發展，並建立世界級品質水準，台灣沒有理由做不到。

作者在各鄉鎮地區吃過很多的攤販小店，比「鼎泰豐」美味可口的特色小吃也不少，如果整個產業都能導入正規化，一旦有出神入化技藝的攤販升級爲正規事業，政府及銀行相關單位才有協助的施力點，台灣將會有很多像「鼎泰豐」或「麥當勞」這種國際性的連鎖事業，我們飲食文化可轉成有系統、有組織、又強勢可進軍全世界的「**食文化產業**」，因爲眞正的中華料理的精髓在台灣(在中國住過一段時間的台商應該能體會到)。

■ 系統制衡

常聽警察吃案便覺得可笑，公司爲了防弊才將「財務」與「會計」職掌分開設計，難道這個概念就不能運用到警察身上？接案與辦案分屬不同組織，各自運作監督，如此警察便能更高度專業化分工，效果馬上就可以看到。

像政府目前爲了瘦身而瘦身，單純從人員精減上考量是沒意義的。重點是我們社會需要哪些工作與任務是得靠警察這種公家角色來執行，要怎麼做最有效(包括組織、訓練、裝備、後勤及監督管理等)，就按規劃進行改造。

如果民間企業可以把交叉路口的紅綠燈及車流管好，地方政府何不將此任務交給他們來做，業者只要依法辦事，就連舉發交通違規的工作(如照相，開罰單)，交給他們也沒關係，如果民間業者想裝置全面電腦監控連線也沒人會反對，反正他們自己得去評估投資報酬率。

我們的警察就讓他們去做該做的事。

如果只是管路口，就算不包給更有效率的民間企業，地方政府也應該用訓練二個禮拜，對此有興趣且身心合格的人來做，優先錄用中高齡失業者加入，讓訓練長達二、三年的警察來管紅綠燈，政府難到不會覺得太浪費了嗎？(元首外交等特殊交通管制除外)

一旦民間業者執行路口淨空而成效優異(大賺罰款)，有人一定會說這個是「擾民」措施，造成大家的不便還侵犯人權等，例如「**汽車拖吊**」就是個實例。

不過台灣人自己要了解一點，民主進步的國家，都是建構在一套完善的法制規範(表示能夠執行，能即時把不良修善)上，最低限度人們至少得依照其規範行事，否則社會亂象會層出不窮，而且沒有哪個國家，國民一開始就懂得守法。

■ 完全責任

即使是日本，如果他們沒建立法制觀念並嚴格執行，他們會跟現在的中國人沒什麼不同。當初日本統治台灣時，以懲戒嚴格手段改造台灣人，絕對禁止黑道流氓活動，當時連小偷都很少聽見，這要是沒長達一代二代以上的嚴格法制教化(執行)，我們常說「劣根性」將永遠改不了。

有人說新加坡管的太嚴，但我們把時間拉長來看，如果法令本質是正確可執行的，而且以超越政黨以整個國家、人民利益爲考量時，實際對他們國民自己是好的。

當然人民是否眞心守法，政府得負起絕對的完全責任。

例如我們會讚許日本人的守法觀念，但他們今天能夠這樣，是因爲他們政府用心照顧自己的國民，處處爲其設想，同樣地國民也信賴政府而產生一種「民官一體」的共同價值，因此日本在推動新規定之前，政府一定會把自己的責任(工作或建設)完成，人民只要依照政府的指示與範圍框架行動即可。

而反觀台灣常是指示與範圍框架都未完善(通常完善不了)就推動新規定，人民如果遵照指示行走保證你會迷路或者開入溪谷之中。以汽車違規拖吊爲例，在有些大眾運輸系統極不健全且道路規劃不良的鄉村都市，汽車拖吊被不當運用，可以停車的地方全被劃成紅線，原本只需開罰單也用拖吊方式，政府不是幫民眾來解決交通問題，反而像是與業者相互掛勾只是爲了賺錢牟利，而在台北市區也有那種從被拖吊的地方，要開車二三十分鐘才能到達拖吊場，如果政府不能在民眾徒步二十分鐘內即可到達拖吊場，這些地方就只能開罰單而不可以拖吊，因爲如果在哪裡找不出拖吊場地想必該區的停車區域規劃就不完善，政府也要負起責任，不能說「只要不違法，就不怕被拖吊」，等於把一切過錯都往人民身上推。

這很像作者在廈門搭小巴(公車)時，司機為了賺錢路上見人就招(停車拉客)，經常是車內已經到人疊人的程度，而車掌小姐還是一邊把人拉上來，一邊大聲罵著乘客「有人要上車，怎麼不往裡面走」是同樣情況，完全不思考前因後果，更不去體會民眾的感受與尊嚴，腦子裡想到的就只是賺錢。

像抓紅燈右轉的心態也是類似的情況，尤其在非尖峰時間，警察站在(躲)拐彎處取締紅燈右轉便不很恰當，政府應當取消，除非有某些實際需要才限定時段、地區來禁止紅燈右轉，也就是說除非有標示禁止，否則一律允許紅燈右轉，加速交通流量能夠減少能源(汽油)消耗，降低空氣污染，更重要是避免大家的時間浪費，提昇局部的國家競爭力。

不合理或不夠仔細的法令規定容易造成民怨，民眾不滿長久累積下來，會對政府逐漸產生一種不信任感，嚴重時還會產生敵對意識或暴力行為，如果公務員因某種保障而與一般民眾有嚴重階級隔閡(官在天，民在地，民間疾苦與我無關的心態)，那情況將會更加嚴重。

這點是我們要學習日本，重新建立政府與人民「良性循環」的新關係。

■ 深入專業

當我們國家的警察治安系統能夠建立高度專業的監控網

路，相關部會間的運作能夠密切配合，資訊情報能準確即時地進行交換，那麼我們就能夠安心無憂的從事各種商業活動或居住生活，如同我們置於在一個多重備援又安全可靠的平台上。

作者到過海外許多地方，台灣與其(指大部份國家)相比，會發現我們政府對整個社會可以說鬆散到毫無管理可言，也就是說要做壞事，尤其是經濟犯罪實在太容易了。即使在中國，他們對人口及工作的流動，都有一套(也許不是高科技)比我們更嚴格控制的手段。

如果現在，假設我們是上級單位到某個警察局問他們說：**「轄區內有多少人口」**？**「從事行業的結構比例為何」**？**「失業人口多少」**？**「外國人有多少」**？**「哪些有犯罪傾向**(包括有前科、或醫院提供嚴重會有殺傷人頃向的精神病患)，**目前住在那裡」**等各種因公共安全、需要掌控的特殊情報而提問時，他們能否回答出來，甚至是幾秒內能列出詳細內容來嗎？

前幾年曾因住所樓下停車場所有車輛(車內物品)被竊，作者與一大群住戶到三重某警局作筆錄。在那裡待(等)了將近半天的時間，可感受到那是一個知識與科技運用的貧乏沙漠，連寫筆錄的警員前後都換了好幾位也沒把筆錄寫完，看的出我們警員身兼數職，一會兒要處理竊案、勸阻打架、一下子又跑去巡邏、處理車禍，但政府卻還要減少警力(不知是後勤還是基層前線)，究竟上面的高官，對自己國家的安全監控及執行系統了解多少？

大部份的基層警察連電腦打字(輸入法)都不會，政府想要進入現代科技化社會，基層不懂得使用尖端輔助的科技設備，這恐怕很難達成目標。

今天的政府可以說缺乏科技化情報的觀念，也不怎麼重視民生治安情報的運用與價值，他們習慣以口頭上的，透過電話或無線電來解決一切，因爲高層也不會精密複雜的設備系統，就認爲基層學不來也就沒認眞培養，久而久之讓基層自己也覺得那是專家(別人)的事，只要把本來該做的事做好就可以(照舊心態)，政府讓基層產生自暴自棄的潛意識，害得他們連罰單也寫不好，結果優秀人才不願投入基層，基層更沒自信，結果就產生了惡性循環。

之前作者在台北松江路口等著某長途公車時，看警察在處理一件汽車擦撞事件。作者從到站牌快五十分鐘後坐上車離開時，一件小小的汽車事故竟然還沒處理完畢，過程只見擦撞雙方都怪罪對方不對(因爲被撞一方，違規停在畫紅線的巷道路口)，警察也只是拿著照相機和推輪尺四處拍照丈量，看著他們(擦撞雙方)說來罵去。

當時想，如果台灣警察有配備最尖端科技設備(如背包電腦：見附錄中後段說明介紹)，從電腦直接列出同類型狀況一模一樣的事件判例，兩造雙方看過相似判例後也不用再爭辯什麼(減少逞口舌之快而不小心引發打架狀況)，警察到現場後應該十到二十分鐘內就應該處理完畢。

如果更先進的做法是有一套專門處理車禍的系統，可以直接調出所在詳細的電子地圖，將相關車輛像玩積木玩具一樣在地圖內用滑鼠(磁感應筆)移動，模擬實際狀況，五到十分鐘內應該就能完成簡單的電子模擬及當時的各種狀況數值(如車速、煞車距離等)，雙方駕駛者(附條碼的駕照)與汽車(電子行照)和保險資料也可以掃描(或透過電子晶片)一兩秒內就可以讀到電腦內，立即與相關系統伺服器連線核對資料正確性，車禍模擬資料可立即傳送給鑑定單位(通常比對類似案件資料庫應當半個小時內就能裁定結果)及雙方保險公司，甚至還可以立即通知維修廠安排維修時間，駕駛者不需要爭到喉嚨沙啞臉紅耳赤，只要把狀況實際敘述一次，在電腦模擬中合理驗證通過後，如果車子都還能正常開動，那警察就可以讓他們盡速離開恢復交通秩序，後面就由保險公司負責理賠的工作，大家都不浪費彼此的時間，也不影響大眾交通。

當然如果還有受傷情況，應該還有一套專用的車禍救災的科技系統能夠立即啓動，我們政府如能用心規劃整個國家的資訊系統，要做到這些其實並不困難。

至少國人以後開車在路上(不管是高速公路或一般道路)違規時，舉發後三天內就會收到罰款帳單時(因爲目前有些罰單，三四個月甚至半年後才知道)以後還有誰敢存著僥倖心理來違規呢？

較高級層次的治安工作是能夠預防犯罪(或災難)的發生，即使一發生也能在最短時間用最正確、最好、最迅速的方式處理完畢，每一次都能留下經驗和記錄，並作專業性的科學分析，依此改善系統缺失，調整或健全組織的作業方式。

如果背後沒有這種精密複雜、重視科技科學的運作系統，基層沒有先進工具和相對素質，預防犯罪就會變成不切實際的空中樓閣或標語口號了。

還好台灣沒什麼市場目標讓國外極端恐怖組織滲透，否則我們空洞脆弱的一面立即暴露出來，如該恐怖成員扮演路邊小販，賣「毒便當」、「毒飲料」或者其他手段攻擊，在台灣他們不用自殺就能輕易達到目的，並且能夠安全地逃走，下次再變個方式攻擊，我們連攤販也管不了，所以台灣政府也不會有什麼招架之力，對中共的情報滲透想必也是門戶大開，不過還好我們政府也沒什麼密機，反正什麼國家密機在報紙上也都看得到。

最近看了中國的消防演練，其演練場地(依真實的化學工廠、超高樓層的辦公大廈、儲油槽，所規劃興建的100%模擬場地，連火災爆炸威力都能擬真)，多種各式配套完整的消防車輛，自動化先進裝備、即時資訊管控，資源調配並整合GPS與GRS系統真是令人汗顏，打個比方如同我們是一部摩托車，對方便是一群系統作戰的坦克。

台灣各部門如果還不能朝更「**專業、科技**」發展，我們就真的遠遠落後人家了。

■ 導正經濟

很多詐欺手法，在政府的姑息下日益擴大，真是囂張到了極點。作者曾登報尋找被偷的轎車，結果卻引來一群詐騙集團。

凌晨四點，也就是見報的當天。某詐騙集團打電話來說車子在他們手上，要付兩萬元贖金便能歸還。我與母親還沒完全清醒自然就糊裡糊塗地相信，他要我們坐早上五點台北往基隆的平快火車，途中如果有人揮手就把錢丟下去，過了松山站鐵路邊還眞有人揮手，但作者覺得怪怪的錢也就沒丟。

快八點回到家，進門沒多久又來了一通電話，也說車子在他們哪兒，講了一些車上放的東西(回想起來好像一般車都會有的東西，如衛生紙，地圖)，母親便被詐騙集團又騙了出去，中間還都聯繫不到她，快十一點有位自稱是某電台工作人員，說作者母親打電話要他們協尋，因此要知道車上有什麼物品或特徵，我們不疑便講了一些，母親下午二點才回到家，我問她是否曾打電話給電台，她馬上警覺說被騙了。她說十二點多的時候詐騙集團約她在一家餐廳碰面，並詳細說出車上放有哪些東西，當時母親便把錢交(免費奉送)給了他們，在這之前詐騙集團還要求她不准和任何人聯繫，

傍晚，某集團人士還好心的打電話來說：「**這是讓你們花錢買經驗**」。您說，這不是要氣死人嗎！

比刮刮樂還精明的詐騙手段還有多少？作者似乎沒看過政府有認眞在抓這些專門靠詐騙爲生的集團。

在中國因爲這種詐騙行爲經常出現，應該是說「每時每刻」都在發生，所以他們有一個法律節目，每天中午時段都會播報各種詐騙手法，報導罪犯是如何從計畫、引誘受害人如何上當，事後警察如何拘捕的所有過程，給民眾一種報案後很快破

案的印象。

台灣政府是否也應該好好檢討一下，為何聽到這種事件作者沒有立即想找警察幫忙的念頭，這表示政府在這方面的教化不足、宣傳不夠、抓的不夠，導致詐騙集團日益猖獗，如果我們抓的凶、抓的緊，一下子就破案，他們覺得不好做也就不會輕易的投入，套句流行話「如果有機會(能力)，誰願意當壞人」，政府有好的教育系統可以讓他們隨時回來學些東西，做些正規生意不是很好嗎？

要是報警後還聽到保姆大人說：「**建議您不要報案好了，這種案子太多了，很難破案的**。」也許那才會更氣死人。

至於賭博，尤其是賭場那種東西，政府其實可以規範一個特定場所按規範經營，也可變成不是那麼壞的東西。作者高中時曾參加救國團所舉辦的韓國雪嶽山之旅，其中一晚安排到華克山莊(飯店兼賭場)，進到那種像飯店及類似電玩場結合成的賭場，其實沒有一般人想像中那種帶著的黑暗、神秘可怕或危險誘惑的形象，它就像百貨公司的電玩場一般，他們很重視品味及秩序所以不會吵吵鬧鬧的，據導遊說他們不希望人們來這裡賭錢而發生糾紛，那會使他們失去經營執照，而且這裡還比酒廊、舞廳經營還要正規。

另外作者到大陸常有兌幣的困擾，在中國黑市換錢有時在一疊鈔票裡夾著一兩張僞鈔，作者想為何我們銀行自己不能賺這個匯差嗎？反而要讓中國、香港或澳門給賺一手，想到心裡就眞是不舒服。

而官員上下台也應該有一套嚴格的財務追蹤系統，政治特權常是是地下經濟化身，如果高官下台後都全部往國外跑，貪污的錢輸往海外，這都不是正常國家應有的現象。

如果官員在施政時不會去考慮後半輩子要與台灣共患難，那留下來的人將有愈多的難要患，愈多的苦要受。

■ 調低物價

台灣一直有走私的問題，以後與中國往來更加頻繁時走私將會更加嚴重，如果台灣可以調整國家的稅務結構，降低國內民生物價，應該可以降低產生走私的誘因，也能提高出口的誘因。

在美國一般日常用品是極為廉價，尤其是大賣場所賣的食物。台灣在八〇年代為了出口賺取外匯，在美國只賣台幣九千的台製電視，國內民眾得花快二萬才能買到，也許我們這種為了賺取外匯而犧牲國內策略應當重新調整(日本也是相同模式)，這對其他產業和一般大眾並不公平，如果我們把一些他們享受的優惠拿掉，一些賺錢企業就不一定能賺錢了，當然如果不是巧立名目的研發創新，政府補助還是有必要的，但用大家的錢去補助某些企業創新，那成果不必分享給其他公司(或大眾)嗎？

另外政府透過稅制而大幅降低國內物價，要是能夠讓一般單身國民，每個月只領二萬多元的薪水也能夠不困難的生活一個月(尤其在吃的方面)，如此與調高薪資就有同等效果。

當然大幅降低物價首當其衝必定是農業，傳統農業耕作一定會受嚴重打擊，加上各種低價農作物的大量進口，農業勢必只能朝特別特殊性與農產再加工等方向發展，否則東補貼西補助人人都有獎的農業保護政策，早晚會將台灣所有產業拖垮。如果全國性的「**社會新學習運動**」能成功推展起來，從事傳統農業人士透過完整的知識系統，獲得充足知識來面對自己的改變。

台灣面對中國的大量且低價競爭，過高的物價對我們往後發展生存將造不利的惡性循環。以餐飲爲例，作者在台灣一週的花費在中國可以享受一個月而且更好的品質，我們如果還不重視這個問題，將物價合理調降，以後台灣老百姓的個人資金會慢慢往中國移動。

如果兩岸直航前，我們沒有計畫調降國內物價時，台灣一定會變成香港一樣，民眾把國內賺到錢帶去中國消費，甚至提著一輩子的積蓄去中國養老的社會趨勢。

■ 防止作帳

到底有沒有那個國家其股票公開買賣的公司，財務報表是從不美化的（作假帳）？作者並不清楚，但美國自從爆發安隆Enron案後，一些著名大企業也陸續傳出疑似醜聞風波，這讓全球投資者開始警覺到公司以自律的角度所設置的「審計委員會」還是無法避免類似的事件發生。

國內許多上市企業，以爲上市公司經會計師簽證的那些報表，股民們就可以完全信賴了嗎？作者可是一點也不認爲，因爲裡面存在著太多不爲人知的祕密，只要公司還能夠獲得各家銀行的貸款額度，到期的貨款支票可以支付，員工能夠準時拿到薪水，一切都還可以包裝得非常精美。

當然私人企業如何經營，包裝手法如何高明我們無權過問，但要是「**國營事業轉民營**」，那我們就應有一套更好的監督系統，讓居心不良的經營者無法胡作非爲，用再高明手段也無法包裝。

當國營企業轉民營時，通常都是以公開股票發行的方式來進行，當股票對外發行了便成爲公開上市公司，財產權就分散到不特定的大眾身上，而監督機關便由「證管會」負起所有管理權責，「證管會」則必須向「財政部」和股票持有人負責，但是「證管會」如何監控像美國安隆這種連會計師爲了私利跟甘冒風險行騙的公司呢？

公司財務內有分「出納」與「會計」兩大系統，其中「會計」負責帳務流程與數字的監控，有時還會設置「稽核」與「審計委員會」，假設該公司的「稽核會計」是由證管會指派過去，薪資由證管會向公司代收發放，「證管會」的監督系統直接涉入這些企業的日常運作裡，依照該公司送交給「證管會」的企業章程與財務會計作業規定運作，當有違規不法情勢發生，「證管會」所指派去的「稽核會計」可立即中止流程，同時向「審計委員會」報告，嚴重時直接報到「證管會」作處理。

如果公司覺得「證管會」所派去的「稽核會計」人員有傲慢刁難等不當行爲，也可向「證管會」或中立機構申訴撤換。「證管會」每隔一段時間(如一年半)也會輪調更換所有「稽核會計」人員，有了這種系統或制度，將使得公家轉民營的企業公司能夠可靠運作，藉由一定素質「稽核會計」的進入，企業財務系統也能夠標準正規化。

如果公司擔心機密外洩，政府可藉嚴格的法律及加重刑責，來防止「稽核會計」有刻意收集公司機密情報洩露給其他競爭對手，如果以後國營事業轉上市的公司都能執行此一機制對大眾才有眞正的保障。

■ 企業大型化

我們經常聽到民間與各種反對團體批評「政府圖利財團」，如果不圖利自己國家的財團，難道圖利國外財團就可以嗎？

以前曾與一位與韓國做貿易朋友聊到韓國市場的獨特性，他說：「**外國產品要是想賣到韓國，如果不透過韓商自己來推，而且產品如果不弄得像韓國製造，將會很難賣**」。他們雖然甘冒各種風險，政府還是排除萬難也要力挺韓國企業朝大型化發展，讓自己國家的企業有能力(包含研發自主技術)在世界舞台上與先進國家一較長短。如今韓國的汽車、重家電(電視冰箱等高價位電器品)、半導體、電腦遊戲、音樂、電影已經能夠行銷全球，還造成流行風潮。

我們除國營企業外，台灣社會長久以來對民間企業朝大型發展發展似乎不大熱衷，也缺乏實質的政策協助，所以民間企業規模多爲中小型，自然也沒有能力從事眞正的研究工作，產業擴張的領域層面自然就不夠寬廣、不夠精深，很多產品或技術如果沒有外國的各種協助經常是「哩哩落落」(品質不夠好)，許多民間企業本質僅是貿易及加工型體質，只有幾項產業具備自主性尖端技術，整體來說台灣企業很難像日本產業能夠打大型國際戰。

其實大型企業並不會把小公司的生機給封殺掉，有大企業的帶領下，中下游相關公司反而更有生存機會，大家(小公司)可以分工彼此合作，台塑與其共存的完整上中下游的產業群就是例子。

當然這種圖利不是政府把大家的稅金轉到少數企業家與政客的手上，而是讓台灣企業與其員工有能力、運用更多資源來提升競爭力或研發更先進的技術與產品。

至少這種企業能夠提供上萬人就業機會，如果我們有數百家這種大型企業的話，台灣競爭實力一定增強許多，政府的角色則是協助他們更具實力來面對世界的挑戰並領先全球。

■ 新製造觀

目前世界各國的各種產業都面臨「**國際競爭**」與「**生產過剩**」問題。廠商爲其產品能大量銷售，能使工廠每天都能持續生產，所以產品設計時都會考慮使產品只能使用一定壽命(通常都不會太長)，局部故障也得全部更換(沒人修理或者更換零件貴到不划算)，廠商雇用大批工人來製造產品，公司必需仰賴大量生產來維持企業生存，這種大量製造導致生產過剩和環境污染(製造過程與產品本身)，加上國際競爭使得問題更加嚴重，包括產品在某個國家大量滯銷。

雖然國際逐漸走向ODM、OEM模式，有品牌及設計能力的企業不必自設工廠來製造，但許多公司的原來架構(如本身還有製造及相關部門的人員編制與開銷)還未完全調整因應，有些尚未裁減的多餘人力正不斷消耗企業資源，公司只好增加製造(或下單)來維持生存。

未來台灣產業發展，不一定要全部走日本或中國那種大量製造的模式。像瑞士高級鐘錶及精密產品(包括禮品)的製造觀念，就完全不走大量製造及壽命極短而得不停淘汰的設計觀念，瑞士產品採少量製造模式，而且考量能堅固耐用上百年，壞了也值得修理，那些產品很少買了幾天或一兩年就被丟掉。

這種價值(不一定是超高售價)，才是人類應該重新思考的價值所在，否則人類到兩三代以後(也許是五十年後)可能要到處設垃圾掩埋場來放置不停製造出來，用幾年後就會故障的垃圾產品。

第6章
全國捷運網

■ 極至變革

到廈門，向來不搭公車的作者在沒車情況下(沒長住打算且轎車貴的離譜)，不得不開始學習搭乘公車。

去年頭一次坐公車，是全程僅人民幣一元由輪渡到江頭的十路公車，上車後竟看見坐椅是木頭做的，哇靠！下雨時有些車窗還關不起來(因為沒玻璃)，而扶手欄杆就像根鏽蝕土色帶黑的排氣管，行車時的震動會以為避震器被拆掉了，停車時還有車掌小姐拿紅旗子在那邊揮呀揮的二節式公車。

他們車子雖然老舊破爛、沒裝冷氣卻配有先進的免接觸刷卡及到站播報系統，有些路線公車還裝有液晶電視螢幕播放MTV、科學節目及廣告給乘客看。

搬到會展中心後(廈門國際會議中心)，改搭比較現代的海滄公車，車子雖然好但還是經常看見中國人往窗外吐痰、隨手扔垃圾、誇張的還有邊吃水果邊丟皮和吐渣在坐腳處，踩了人還可以跟對方開罵，加上可能是引擎太吵，車子上鬧哄哄的景象眞令人(外國人)印象深刻。

廈門熱鬧繁榮的程度，在中國南方大概僅次於廣州、深圳、珠海等地。由於多為較淳樸閩南人為主體，治安算是中國最優良的地區之一，有比較好的公車文化，乘客都會主動讓坐給老弱婦孺，司機也會不停播音提醒讓坐，在鄧小平時代劃為經濟特區後，整個福建省資源多往此處集中，所以廈門有點類似台中市的感覺(包括氣候、雨量、都市道路規畫等)。廈門的公車路線算是很密集方便的(車次很多)，機動性強隨招即停的小巴士四處可見(比計程車多)，在2001年廈門市還榮獲中國「全國交通管理優秀城市」及「全國暢通工程B類城市」第三名，平均每千人約有兩輛公車的密度。

最近從中國回來，突然想坐坐我們的公車比較看看，因為作者搭公車經驗(在台灣)，好像只有在小學或國中階段還有點印象，之後就沒有坐公車的記憶了。某次到台北車站NOVA賣場看電腦的機會，去體驗一下台灣的公車文化為何？與中國中國又有何差異？

作者在捷運站內的自動提款機買了一張悠遊卡，從此坐捷運(地鐵)或公車，再也不用準備一堆零錢。搭乘台北的公共汽車之後，感覺我們素質就是不一樣，簡單講就是「舒服」。我們的公車既寬敞又舒適，引擎隔音與避震器好多了，而且乘客們總是那麼安安靜靜地坐著，乘客彼此交談也是竊竊私語的怕吵到別人，很現代化都市人的那種有禮貌的感覺，車上沒有鬧哄哄的景像，可以短暫閉目養神一會兒或欣賞窗外景觀。

雖然我們國民素質不錯，車上很整潔乾靜，甚至有考慮殘障輪椅上下可升降車體的「低」底盤及瓦斯公車(如285公車)，但和中國相比我們似乎少了些什麼？可能是一種再成長和追求極至的變革努力吧！

就像廈門所有出租車(計程車)上都有部與計程、收據列印與無線及時資訊接收的整合機器，如果乘客的東西掉在車子上，只要將車號(收據上面會有列印該車相關資訊)打電話到行車管理中心，該計程車上的液晶資訊螢幕就會發出訊息(還有提示聲響)，失物大部分都能找回來而且很有效率。

但我們台北市裝有列印收據機器的計程車也僅僅是少數，更別說是整套的資訊系統配置，也許計程車經營業者認爲無線電就是最先進的設備了。

作者僅隔一個月去到中國工作，經廈門大學便又多了一路3號的冷氣小巴士，由思北、輪渡到前埔站，中間經會展中心和環島路，全程才一元人民幣，而且該車比台北三重客運的R31小公車還先進許多。例如車頭前及上車門邊裝有電子LED顯示路線班次告示牌、有到站播音、免接觸刷卡、液晶電視廣播螢幕(播MTV及科學節目)、後車門下車監控螢幕、車內溫度及時間顯示器，連手扶桿都有止滑設計，而且整部車子都是中國(金龍汽車)自行製造，連柴油引擎也是國內生產(我們小巴卻是向韓國進口)。

上個月還在同路線橫行的破爛小巴(沒冷氣不尊重乘客)，僅二週就不見蹤影。原本廈門市政府還擔心怎麼處置這些破壞市容形象、污染環境的舊巴士，結果開放競爭後，品質服務差的產品馬上就被淘汰出局了。

■ 惡性循環

作者扣掉廈門工作時間外，每三個月有二到三週會在台北內湖總公司上班，現在要是有公務需要外出，除非是到台北市區以外的地方，否則作者都會搭乘公車和捷運。

去年作者全家搬到南崁，自己開車上班大約要四十至五十多分鐘車程(單程)，今年七月份回來想試試看從南崁到內湖，自己不開車能不能夠搭乘公共運輸系統在都市內便捷移動。一整個月下來，作者認眞坐各種不同交通公司的車子，也等了很多很久的班次(經常等快一個小時)。

結論是「**除非住在台北市內，否則沒有不自己買車的理由**」。因爲其他地方(指大台北及桃園地區)根本沒有快捷便利的大眾捷運網可言，誇張的是如果要從南崁到桃園市區，可能先坐到台北市再由台北市到桃園市要快些，因爲直接到台北車子多多了。

另外，作者從南崁六福路的住家到內湖瑞光路公司，搭公共運輸系統，含等車時間平均一天來回時間至少得花四個鐘頭以上，這比自己開車要多二至三倍的時間，而政府不斷在媒體鼓勵民眾搭乘公共運輸系統，卻根本不知道民眾無法配合的原因有哪些。

像日本也正改善如何降低上班通勤者換車的次數，讓乘客能最快直接到目的地，這點我們大眾運輸系統規劃前得用分析科技來規劃，設計出最經濟快速、又符合多數人需要的路線，這是大眾運輸系統是否發揮功效的重要關鍵。

大眾和私人運輸工具本來就是一場對立「拉距戰」。在郊外的地方，交通公司考慮人少因此把班次時間加大，每趟能載更多人即賺錢或少賠一點錢。但每加十分鐘，就多一些人去買機車或汽車，如果一班得等上三十、四十分鐘以上，那大部份的乘客寧可改換其他交通工具，沒得選擇時就自己買車。

當越少人坐公車，班次也就拉著更長，等的時間越久，越不方便就更沒人搭乘，結果「惡性循環」就開始。奇怪是這些業者經營服務極差的公司卻又倒不了，是否國內交通事業的經營業者(指地區性的交通公司)，受特權保護(沒有競爭)應變能力再差也能活著。

■ 跳脫泥沼

交通公司要有極積應變能力及靈敏嗅覺，要用長遠正面的方式(態度)來因應環境的變化，不要把乘客最寶貴的**「時間」**當成最不重要的工具，運用它來調整收益那就完蛋了。

假設交通公司能將體積龐大、耗油的公車改成便捷省油小型巴士，把班次間隔時間縮減，調低票價，向交通機關申請延伸幾站到較多人和熱鬧的地方，當人們覺得比自己開車方便時自然會搭乘，當出門不開車的人愈多，坐公車的乘客自然增加，當坐公車的人多起來車子就能愈換愈大，也就變成一種好的循環。

交通公司應該要大量運用高科技來運作整個系統，就像便利商店的POS分析系統一般，車上應該裝置人流監控系統並與計費系統整合，什麼時段在什麼地方、多少人從那裡上下車、甚至什麼人(性別，上班群或學生等)，經過一段時間的統計分析，公司可隨時增派車輛配合實際的需要，可得到在不同季節時段的最佳運輸模式。

這些情報還能與不同商業活動相互結合，創造其他商業利益，例如車上會搭配全數位傳播廣告系統，可以精確提供在什麼時間、給什麼人的廣告目標資訊給業主，或提供更複雜的商業交易服務。而汽車行駛路線的規劃也可以藉由高科技調整出經濟效益最高的路線。

如果政府能誘導數家公車交通公司合併成一家大型企業，同時鼓勵該公司設立研究所，設計更便捷舒適多功能的公車，以後讓日本、中國都要向我們買科技，只要我們有前瞻眼光一定做的到，也許不久的將來，我們透過手機簡易通信服務介面，就可以從公車上獲取許多資訊，電子商務或特殊交通服務，如主動式廣告系統，手機對車上有興趣的廣告按特殊數字後業者主動聯繫，或按手機某幾個按鈕就可以告知司機要下車。

如果我們政府能夠引導公車公司合併及建立研發單位，以後我們公車的軟硬體系統才不用從中國進口。

■ 鄉村開始

在陽明山、桃園及中國廈門都有那種僅能承載大約二十人左右的小型公車，這種低耗能的小公車於一些交通流量少的城鎮或都會離峰時段，可以發揮快速又便捷的運輸功效。

像林口這類人口少的鄉村型城鎮，便合適這類小型交通工具發展，如果它的動力可以改成瓦斯引擎或利用馬達帶動的燃料電池那就太好了，只要不是爬山涉水行駛動力都不是問題，而這種交通工具成天都在城市裡行駛，如果能夠制定較高的環保標準，對地方環境也不會造成污染，也能讓地方居民歡迎接受。

在澳洲雪梨，當地的百貨巨擘爲了使消費者能方便到同屬集團的百貨公司、購物商城和觀光飯店消費，他們自己蓋了超輕軌電車(一個車廂能載十人，整列能有接四到六車)將自己資產全都串連起來，像這種超輕軌電車有低噪音、低耗能、建置快速運轉簡單等好處、僅需要些許土地就可以建造，台灣許多郊區型城市可以採用這類系統，可以發揮觀光與運輸等雙重功能。

當然在人口密集，車輛及紅綠燈過多的都市還是要以地鐵電車爲主，否則上下班時間公車還是會塞在路口紅綠燈上，堵車所造成的時間能源浪費、空氣污染等問題還是無法解決。

如果台北市能將所有重要道路改成全無紅綠燈的立體交叉網，次要的道路減少紅綠燈的數量，人的移動(逛街或過馬路)盡量移至地下或空中走道(另一種新門市經濟的誕生)將人車分離，台北未來的交通便捷性一定可以超越日本東京。

而小型公車或超輕軌電車，可以彌補類似台北捷運這類大型運輸系統無法涵蓋的範圍。這種小型、低耗能、高機動性的大眾交通工具，對於離大型捷運較遠的社區或經費較少的鄉村市鎮，也能提供良好的交通運輸網，如果用心設計整體規畫，配合其他大眾運輸網、商業活動做完整規劃，考慮到使用者的各種需求(如購物、殘疾、攜家帶小)，有方便快速的計費系統，下雨天上下轉車也不會淋雨的設計(站牌處)，便捷程度也不至於跟台北市有太大差距。

如果全國都能建設如此便捷、完善的公共交通網，而且票價低廉，甚至由政府免費補助(如偏遠地區)，有合理的車次，將可有效減少私有車輛增長，如果住家附近就有快速便利舒適廉價的大眾交通工具可以搭乘時，大多數人還會想買車嗎？想想買車後將增加各種費用(如牌照燃料稅、買住家停車位、在公司附近租車位、油錢、高速公路過路費、罰款、保養維修)。

而且在尚未開發的鄉村便開始規劃，一開始便考量百年需求做完善交通運輸系統設計，其投資建設方案與成本，將遠低於已都市化的城市。

■ 整合運用

當然很廉價也最環保的交通工具莫過於腳踏車了。

在日本東京的街道上腳踏車的數量遠多於機車，這對國人恐怕很難想像，不少東京居民的交通模式爲腳踏車、地鐵；地鐵、腳踏車，他們在路口人行道上(日本是准許在人行道騎腳踏車的)都會設置腳踏車的停放設施，非常貼心方便，而且不少新式腳踏車還附有電力裝置，而且有多種大小與特殊造型很受消費者青睞。

目前電動腳踏車或電動機車在東京，甚至在中國廈門都很受歡迎，如果我們在都市、交通及建築在規劃時，能將腳踏車與電動機車的使用需求設計進來，以後在建築門口旁設置專屬停放區域(一般住家多在樓上充電並不容易)，或是汽機車停放區有私人電源插座設計，那麼電動腳踏機車就可普遍化，最好電動車的充電方式能做到跟手機一樣方便，產業應該可以訂出一個國際化的通用標準，將前後輪放於固定區域便可以自動充電的設備。

地方政府也可以協助社區管委會，提供公用的腳踏車或電動腳踏機車，這樣我們交通污染一定能大大降低，而且環保、健身又節能(節省能源)。

■ 全盤計畫

像日本的交通路網是全面性發展規劃，暫不談他們有如蜘蛛網密佈的地鐵。日本人爲了顧及汽車產業發展，控制私有汽車成長，他們將汽車租賃業經營的很發達，多到就如同在你家附近二十四小時營業的便利商店一樣，東京民眾要用車時，只需走幾步路或透過網路，便能在住家附近的連鎖汽車租賃便利店租到車子，如果車子開到大阪玩累了，想坐新幹線或飛機回來，也只要將車放到附近的汽車租賃站就行了。

這遠比自己買車要方便，東京居民也不必擔心政府對超過三年或五年的汽車課以重稅的問題。因爲東京考量舊車在省油及排廢氣標準會逐年降低，每年新車也有較高的省油及排廢氣標準，如此對市容、環保及能源運用都有幫助，而東京民眾習慣一段時間(如四、五年後)換新車，業者也有計畫將整批舊車輸往落後國家。

這一整串龐大、互動相連的計畫，如果政府、產業及社區和民眾之間沒有精密的網路連接根本做不到，這與各單位本不本位無關，而是政府本身對整個社會及產業能否順暢有效指揮，而且能掌握所有相關情報，創新改善能力和運用科學科技手段和工具。

但台灣的汽車出租(指自用小轎車)業發展並不成功，原因之一是不方便，多半只能在哪裡租就得在哪裡歸還，這與作者在澳洲租車的經驗，在任何一家連鎖店都可還車，只需將車子停好，即使下班沒人鑰匙只要往鐵門上的專用孔一丟(如百事達錄影帶出租的還片方式)就完成還車手續，這種「信賴」、「尊重人性」的作法與國內有很大的差距。

不過眞正關鍵是在於台灣汽車租賃價格高的離譜。以租一輛同樣廠牌車種的計程車與自用出租小轎車相比，以半天十二個小時計算，前者僅要新台幣四百至八百元之間，但後者至少高達一千六百元至三千元以上，價差達四倍以上，由此可知在台灣搭計程車遠比自己租用小轎車還要來的經濟許多，而租車業對於民眾眞正需求的兩三天這種短期租車市場沒什麼興趣，所以租車業在台灣發展無法與日本或澳洲一樣便利。

台北市要抑制過多的車輛(包括汽、機車)，不希望上下班時間將馬路街道塞爆，如果僅以台北市自己做考量，而不是以整體運輸系統，包括整個大台北甚至從基隆到新竹一起分析規劃改善，多數在台北市以外的居民要到台北市，一出門就不得不用自家汽車機車代步時，台北市再怎麼處理塞車問題，最多只能減少到目前這個程度。

除非我們學習新加坡限制車牌量來控制車輛數，參考日本有計劃淘汰舊車(台灣應該由機車限制與淘汰開始做起)，否則政府提再高的牌照燃料稅、多麼不合理的停車費、貴到離譜的交通罰款，也都不能有效抑制私有車輛成長，交通與各種污染問題很難有重大改善成效。

■ 高鐵比重

以台灣不大的國土面積來看，高鐵並沒有比像類似台北捷運系統，在整個台灣繞一圈來的「**實用**」與「**急迫**」性！

這種全國捷運系統，就算由台北到高雄只要班次停靠控制得當，中途不停靠任何站的直達車，和高鐵相比兩者的時間不會差過四十分鐘到一個半鐘頭，而且它還可以繞台灣一整圈。

全國捷運系統網搭配地區捷運網共同規劃，全島捷運系統的初期網路便有一個發展基礎，每個縣市有了這個接點，自然能很快就能建立自己的捷運路網，如果政府沒有足夠財力，也可以開放民間(包含國內外企業)建設與經營，相信台塑、長榮的王永慶與張榮發先生一定能做的比政府要迅速、成本更低、說什麼時間通車就能準時通車。

我們有了這個基礎，對整個國家發展才有幫助和重大改變，台灣要平衡城鄉差距發展觀光，有了這個「全國捷運網」才是最關鍵的基礎。以後我們可以用實際的數值，來調查這個系統的效益，如果國民有此便捷的全國運輸系統，一年之間我們到過全國哪些鄉鎮城市旅遊或洽商，這個數值將高於以往數倍以上。

最重要是國內能源都必須依賴進口，作者對成天在高速公路跑來跑去的大客車及貨櫃車，甚至是在小小島內飛來飛去的飛機眞的很不以爲然，鐵路運輸不該將貨運功能給排除(鐵路單向輸送能力是航空的10倍左右，而運輸成本只有航空的1/5)。

試想一輛鐵路貨運列車和一位司機(甚至無人駕駛)，就可以取代二十多輛貨櫃車及二十位司機，甚至減少被貨車撞死的無辜民眾和破碎家庭，如此經濟省能源，準時又安全，國家爲何不好好發展規劃利用呢？而且鐵路到不了的地方也是需要貨車和司機。

政府要好好思考整個結構，我們今天要用一個最有效益的運作方式，來向全世界競爭，有個好環境企業就能降低各種成本，同時提高時效性，台灣經濟得以成長，政府與企業有錢投資各種建設，這不是能皆大歡喜嗎。

台鐵可以改制學習JR(日本鐵路)成立數十個與鐵路事業相關的研究所，以後我們也會有一個鐵路產業發展基礎，不必什麼都得依賴進口，有一天我們也可以和日本一樣輸出新技術設備給其他國家。

另外，國內的汽車製造業者也應該針對台灣這種地小人稠的都會型城市，開發更符合的汽車，例如尺寸只比150cc機車大一點(寬度約比一般1600cc汽車小20%至40%之間，長度也減少30%至50%左右)，採用燃料電池系統或引擎排氣量400cc至800cc之間(或油電混合型)的兩人座小車，後面的小置物區也可乘坐小孩。

在未來都市中這種車會逐漸受歡迎，各國政府也會採取各種福利措施讓城市居民改用這種省空間、低耗能的環保交通工具，許多先進國家都很積極在開發這種新車，甚至已有產品上市，像法國還實驗並運用於新的服務產業上。

法國在某一城市(如林口這種小城)實驗，將這個區域當成一個大遊樂園，車子不可開出此區域，車輛能隨處停放不必停在特定地方，有需要的人將特殊晶片卡(如悠遊卡)插進車子感應槽後就可開走，上面有指示燈可顯示目前車子無人使用(可使用)、使用中(含暫時離開)及沒電等指示，車子沒電會透過備用電源發出訊息通知該公司管理中心進行充電，這種交通工具能同時具備「自有」與「出租」車的雙重方便性。

目前家庭方式與社會活動，在行駛時通常車上只有一至兩人，後座(含後行李箱)空間幾乎是浪費的，但我們還是得浪費能源(汽油)來拖動這多餘三四百公斤的重量。

另外停車後引擎也必須開著才能供應冷氣，這點也都能重新設計分離開來，這種新車如果是採燃料電池系統還可以當成發電機使用，而且燃料電池車的底座和上面車身部分可分別製造，可以像手機外殼或組裝電腦般的更換，國內汽車製造廠商與政府研究單位如果能聯手研發這類車輛，建立自主性產業結構，未來台灣汽車也有機會像日本、德國一樣外銷整部汽車到國外，而不是替國外車廠組裝汽車，否則加工車賣的再好也沒什麼了不起。

另外一種東西也應該列入交通工具裡的一環，那就是手扶梯。

讀者也許會覺得好笑，手扶梯怎麼是交通工具？如果讀者曾到香港赤鱲角機場，見過候機大廳那個貫穿兩端的超長手扶梯時，就能體會那種具備局部運輸功能的可能性。

當然就目前的手扶梯的功能，與作者理想中的可運輸系統還有一段差距(指還有很多技術成長空間)，但我們可試想一下，如果從台北車站到市政府、或台北車站到民權捷運站，地下都有商店街連貫起來，中間設有來回運輸的手扶梯，也能夠具備如捷運電車類似的運輸功能，如果我們還能設計出更快速(有相對的安全措施)、更節能(如使用超導技術)的運輸型手扶梯時(有高低速兩個系統)，沒有地鐵(或不同地鐵間)的地方也可以很「捷運」。至少松山機場的樓下，就可以好好運用手扶梯，重新規劃機場出入口的動線，延伸到停車場、民權東路及敦化北路的路口處，甚至連接地下商店街直接到各捷運站口。

桃園機場也可以利用手扶梯，解決旅客接送機時的壅塞問題，例如手扶梯延伸至停車場(到盡頭)，在停車場標示每一行列區段，每一個停車位也都有唯一停車位號碼，同時規劃進入停車場，在短時間(如一個小時內)內免費的措施，讓自己開車接送親友的人直接進到停車場就可以，出入境的人知道對方停在哪個位置(如B-29)就行，旅客們也可以在停車場出入口處的電子式資訊看板，看到來接機的留言(可用手機撥專線由櫃檯服務人員處理，一次五元併入電話帳單)，如此我們到桃園機場接送親友時就會很輕鬆。

當然各機場一定要有地鐵(捷運)接到出入境大廳的樓下，因爲台灣島內所有機場都得轉成外向型(能飛國際線)，內部應該運用高速、又省能源的鐵路系統連結起來才對。

■ 高速公平

如果每天來往台北市的林口人，大多數會想把泰山收費站廢掉，因爲它造成林口發展遲緩。

大台北居民一想到開車堵在收費站的畫面，及一個月多至二千元的過路費，很多想搬到林口開公司或居住的人便打退堂鼓。

爲何新莊、五股、三重的居民，開車走同樣的高速公路到台北市區卻不用付錢，而且這些地方流量又是最大、還經常造成嚴重塞車。這些經常使用高速公路的大用戶們卻不用付費，這對每天從林口到台北市上班、一路從中南部繳錢上來，卻塞在三重、圓山而動彈不得的人公平嗎？此外對維護高速公路的單位，收不到這些人的錢是否也同樣不公平！

目前政府正計劃建設高速公路電子收費系統，雖然我們比他國(新加坡)慢了好幾年，但至少有個起步，而晚開始的好處便是能用更好的科技來做，所以建議我們應該好好運用此系統，眞正落實「**使用者付費**」的觀念，也就是將電子收費系統安裝在「**交流道的出入口**」，依照行駛距離(交流道口)來計費。

這就像搭乘台北捷運時進入得先刷卡一樣對誰都公平，不管短程或遠途一上高速公路就是得收錢，人人都應該平等，如果住台北中正區坐捷運不用錢，那住在其它區域(如北投、淡水)的人，心理會如何不滿可想而知，如果是用私人的錢所蓋的那也就算了，但那是用大家納稅的錢所弄的一定要公平，而且還要有效益才行。

安裝在交流道的出入口的電子收費系統，不用停車繳費也不必減速就可扣款，對於車流並不會造成回堵，儲值卡也允許一定金額內的透支，透支時電子收費處會記錄該車的數位影像，供日後調查的記錄資訊，休息站及銀行提款機能夠提供簡便的充值服務，當然超過透支額度而闖關者將被當成逃費事件來處理。

這種設於出入口的電子收費系統可以精確統計每個出入口的交通流量，這個資訊可以提供地方政府，對於該區上下交流道的銜接道路，能夠做更好的配合及改良設計，而該出入口的收益也必須按比例分配給地方政府，地方政府對於週邊道路建設也會做的更好(或增闢更多出入口)，那邊上下交流道越順暢的地方就能賺越多錢，地方要賺更多錢就會做更好的建設(如全市區無紅綠燈的立體交通網，可擴展原本平面經濟、店面可擴展地下及二樓以上的地方)，造成一種良性循環。

往後上高速就是要收錢，肯付錢有需要的才會開車上去，這樣高速公路也才不會變成慢速公路。

只要上了高速公路理當一路高速到目的地，中間本來就不該設置收費站(以前沒配套科技就算了)，上路後按下汽車定速按鈕直奔，這樣才叫高速公路，而且目前的時速也必須提高至每小時一百二十或一百四十公里之間，花錢上高速公路本來就要節省時間，要是當初高速公路設計時就是以一百四十公里爲設計標準，我們政府爲何老在九十、一百公里上打轉，而不提高大家的效率做思考呢？

我們要想辦法提高率能，節省整個國家人民及商業活動時間，而不是只想靠超速照相罰款賺錢，那些眞正在超速的人是以兩百公里上的時速在飆車，以目前汽車製造水準與安全性，時速一百二十或一百四十公里叫什麼超速呀？抓那些只超速五、六公里的是到底是在幹嘛呀？

而且流動量越快越不容易塞車，如果有人說高速造成車禍(尤其靠超速罰款得到好處的單位)，但造成車禍的事實主因卻是未保持適當距離，如果這是問題本質，我們何必向以色列花費巨款來購買安裝未保持距離的拍照系統，以後汽車出廠(或進口車出海關前)一律規定安裝車速車距警報器，超過八十公里即啓動，依照車速及車載煞車效能比數(此數值來自車本身重量及載重和煞車能力)計算出適當車距，一旦與前方車輛距離太近便發生巨響，駕駛人不得將此響聲轉小或拆掉(檢舉抓到重罰)，而且這種東西也不是什麼高科技，標準化後量產也絕對不會超過二千元，政府用法令要大家裝這個東西來防止車禍，降低追撞機會有何不行，至少新車可以這樣要求。

此外車道間的速度也應該有所不同，如左右車道有五公里的時速差，例如最內側的一至二個車道能以最高時速行駛，鄰接的外車道則慢五公里以此類推，如此才不會有兩部(或多部)以同速度將馬路給佔住，要是幾部同速的烏龜車佔了車道也會造成數公里的塞車，重點是高速公路也要有經營服務的觀念才行，要讓使用者花的錢值得，否則以後開放民間及外國公司來建高速公路，看看別人可以經營到多好。對了，高速公路的收費含不含車禍保險費呀？

■ 共同建設

剛鋪好的馬路，馬上有人開挖埋管線(不管是水、電、第四台、電信、瓦斯或其它管線)，這種畫面想必大家都不陌生吧！

為何我們不事先規劃好，在建設前就將各種管道空間給預留好，政府怎麼不將這些錢花在研發新科技或投資在教育上？就算立委藉此才可得到好處，那拜託他們去弄個學校，蓋個研究所或建個某某科技研究中心也好，我們寧願把錢往那些地方丟也強過這兒。

紐約街上的道路用料實在且非常堅固，用上五十年甚至上百年也不用去修，而地下管道大到可以開車，他們不必在那邊蓋了又挖、挖了又鋪地不斷循環浪費，既然要做就最好的，做好了可以用很久。

我們幹嘛要才剛弄好又破壞它呢，大家的錢是這樣搞的嗎？

如果美國也像台灣那樣地糟蹋錢，想他們今天大概也造不出航空母艦或太空梭來，想想日本在第一次世界大戰後就能造出航空母艦，台灣到今天為何還沒有，這是為什麼？

像宜蘭快速道路，在那同一條道路上，就應該將捷運鐵軌一併做起來。

也許有人反對說「**如果那條線路發生如車禍、地震、恐怖攻擊等事故，交通不就完全癱瘓**？」對我們台灣單細胞組織的某些官員來說也許很有道理，但如果是對美國、日本這些先進國家的思維來看，就不這麼認為了。

如果這樣，他們可以考量在設計減少彼此的事故影響，加上各種獨立的系統設計（如電力或逃生系統），再不行就另闢另一條多功能線，如運用現有的台鐵鐵路再建一條多功能路線。

為何？因為在宜蘭快速道路再加上捷運鐵軌系統成本，都要比個別建設要節省太多了，相對以傳統考量而分別做汽車道路及鐵路二條線時，先進國家可以完成四條線（車汽道路及鐵路各有二條），而且占用土地面積少、運輸效能遠高於汽車公路的鐵路運輸系統，更應該考慮優先建設才對。

要記住，那些先進國家認為，有效運用有限的土地資源，減少對大自然的破壞，才是目前人類各種建設最大的挑戰。更何況是地小、狹窄、多山的台灣，每條道路（泛指各種交通系統）本都應該充分以各種層面角度去思考，讓每個工程及花費都能顧及環保，並達到最高的經濟效益才是。

■ 打通海岸

就大台北的道路規劃來看，台北市與北海岸的路網連結並不完善。以地圖來看，台北市與北海岸中間被大屯山系(陽明山)阻隔起來，台北市要到北海岸(或者北海岸到台北市)時，不是得費時爬越逶境陽明山，要不然就得經由淡水、基隆再轉到北海岸，過程兩個小時左右，但如果能從北投或天母打條隧道(汽車與地鐵捷運共用)直接通往萬里、金山，車程將可以縮短至二十分鐘以內到達，大台北的觀光資源將可以擴展延伸至海洋觀光資源(因北海岸的海洋資源遠大於淡水)，並建立台北的雪梨、普吉島或芭達雅一般的發展規劃，北部的遊艇與海岸觀光休閒產業將另掀起一波熱潮。

第三部

國際發展與中國關係

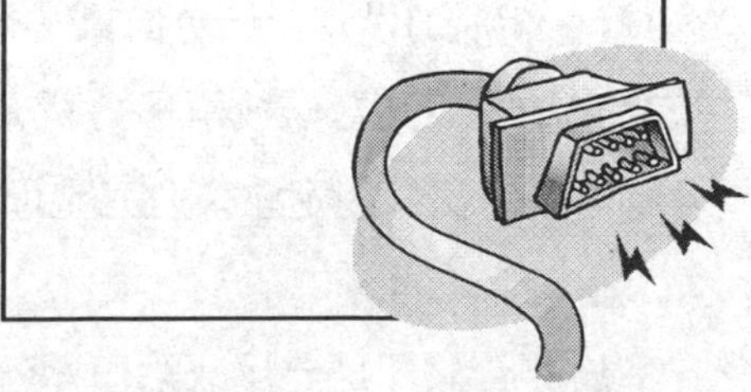

第7章

中國政策

■ 了解自己

「電腦安不安全」最簡單的方式就是透過駭客軟體來測試系統是否有漏洞。同樣的我們國家發展情況如何？或許站在競爭對手(中國大陸)一方來看也許會清楚些。

作者待在中國開發電腦軟體也快一年了，在不長不短的時間裡，從兩岸甚至從美國及日本的新聞內容(從電視或網路上獲得)相比，我們台灣的確如身陷沸水而不自知的青蛙。

看中國這裡每天都有與其相關的國際新聞大事發生，如福建省、江蘇省、上海市招商引資，德國、日本XX大廠投資幾十億美元，本市YY公司引進ZZ技術產量擴增十倍，WW產品暢銷歐盟份額已達世界第一，神舟四號飛船發射成功、世界第一條商業磁浮列車開始運行、世界第一長的跨江大橋開通、Q國總理來華(中國)簽JJ投資合作意向書。幾乎中國每天都有國際重量級人物來訪、商業合作技術移轉新聞不停，不斷學習先進國家的各種制度，法條規定愈來愈完整而且先進，看他們每天都在「**明顯**」地進步。

反觀台灣卻是充斥政治口水、誰扯誰的後腿、誰跟誰的緋聞、又是車禍火災不斷發生的新聞，而且還現場衛星SNG車全天候不停播送。

但可悲的是，當作者從中國望台灣時，打擊我們最激烈的不是中共，而是那些住在台灣島上的居民自己，和將可憐小老百姓分界劃派成兩國的政客們。和同在中國打拚所認識的台商朋友們，在廈門望著屬於我們領土的金門時，透露彼此那份強烈的無奈、感慨、危機和焦慮，而在我們身後還排列著「**一國兩制統一中國**」的鮮紅大字。

台灣人到大陸總以爲自己多偉大(富有、民主)，在中國生活一段時間，才能深刻體會那個眞實的中國，早不是我們在國小、國中教課書裡所講的那個中國。與他們政府、公安(警察)打交道，和眞正的中國人相處、同他們搭車、談話、工作後，會發現那是兩個完全不同世界與價值認知。

中國與生俱來的那種大國驕傲又帶點無知的自大，加上世界各國到中國投資，經濟突飛猛進的亮眼數字下，連日本都不放在眼裡了，小小的台灣算那根蔥呀，人家把你當啥！我們總統只不過是他們眼中一個搞台獨的「**小丑**」，地位恐怕還不及一個廈門市長，他們看台灣(中華民國)只不過是另一個香港或澳門，他們對待我們的感覺就像台灣政府對待蘭嶼一般，現在除了政治批評外，台灣兩個字已越來越少出現在新聞上了，反倒是日本、德國、法國、歐洲來往新聞要多得多。

我們在中國的公司於午餐時都會看電視新聞。某次電視正巧播出批評呂副總統成功訪問東南亞事件，有員工突然冒出；「**台灣、本來就是中國**(中華人民共和國)**的一部分，呂秀蓮、陳水**

扁搞什麼獨立」如何等，作者是公司僅有的台灣人，心理當然是五味雜陳。心想，那我們(台灣人)出國是不是要經過你們政府的審批，經過許可後才能到其他國家訪問、經商、求學？眞是莫名其妙。

本想對他們說：**「你們到過台灣嗎？陽明山在那裡？玉山有多高？台灣從清朝就被視爲鳥不生蛋，送人也無所謂的彈丸之地，要不是台灣人那股求生存，爲下一代建立更好發展環境的意識，到世界各地搞貿易做買賣，讓台灣獲得許多世界第一的頭銜，今天那來繁榮富裕讓中國垂涎之機。而且有記憶以來，中國就是一直在扯台灣後腿的傢伙，憑什麼說我們是你們的！我們又爲何要成爲你們的？」**

不過這畢竟是人家的地盤。如果講這種突發、情緒性言詞之後，說不定隔天會被公安帶去問話，要是被扣上間諜、反革命、反XX罪名那就不妙了，好在作者也沒什麼宗教信仰。

在中國的台商，尤其是拿台胞證的「中華民國」國民，在那裡(眞正的中國)沒有發表不同政治立場的「權利」和「空間」，台灣人在那裡最好的方式就是保持「沉默」。

■ 認識中國

在複雜龐大的中國政治圈中，台灣(中華民國)都只是等著被收回的角色，但國內多數民眾還不清楚現實狀況，總以爲自己是中國的救星，以爲我們的民主制度是中國的學習榜樣，反攻大陸後都能回去當官，還認爲中國政府或中國人民應該怎樣怎樣(如學習台灣的自由民主)。

台灣政治有什麼可學的？我們除了投票選舉這種方式外，有那些可以讓人家學的？黑金政治？政黨惡鬥？還是疊床架屋的行政體制？要是那麼大的國家學台灣不馬上崩潰才奇怪。

中國要學的，是要像美國那種大套政府行政系統，及掌控全球世界運作機制才是，他們也正不斷地向全世界學習，而且德國與法國也不停提供中國政府各種尖端技術、規範制度和寶貴經驗(因為他們政府及企業在中國投資了大筆金錢，規模不輸日本)，政治亂七八糟的台灣縮在井底還自以為是。

在中國每一省都有自己的政權爭奪角力賽和政治生態圈，人家目前也正不斷向外面學習，不停在改造自己。台灣某些政客不知用何種催眠手段，讓支持他的群眾真以為「三民主義」能統一中國，拿中華民國護照的台灣人也可以當中國領導人或副書記？或許等中華民國在台灣消失，人民解放軍成為台灣軍隊的二百年後，台灣省籍的商人控制中國大部份經濟也許有機會吧。

二十多年前，自鄧小平時代展開一連串的自由經濟開放政策，骨子裡早比資本主義還資本主義，看錢、利益比我們還重的多。許多經濟特區發展、建設也不比台中或台北落後，中國一批批新貴富豪不斷產生，也到世界各地考察引進國外資金，我們民眾不要再把以前國民黨對共產黨那種敵對不屑、歷史仇恨、殘破落後、等著我們解救的印象還留在腦海裡。比我們先進的美國、德國、法國、日本、韓國企業，早在二十幾年前帶著大筆資金和技術，就幫著中國打基礎了，連像微軟、IBM、松下、SONY、三洋、三星、LG、豐田、VW汽車這種擁有技術力的國際大企業，都在搏命轉型來因應或利用中國的崛起，這些先進國家對中國還得必恭必敬的，台灣自己還眞以爲是中國的救世主？除電子製造外，台商在中國的重要排名(資金規模或技術力)遠遠落後先進國家。

國共那套恩怨早該走入歷史，一位朋友開玩笑說：「如果中國國民黨和XX黨合併改成X藍黨，中國國民黨這個名字徹底從台灣消失，那台灣就不用再背負國共內戰的歷史包袱。」

不過平心靜氣來想，兩邊人民何嘗不是政治立場，黨派鬥爭下的可憐人。如果我們能超越那些沒有正面意義的政黨立場，會比追求人類的追求和平、互助合作、安全富裕來的重要嗎？

這或許沒那麼偉大，但換個角度來看美英兩國合作互助的關係，或者把自己想像成歐洲人看整個亞洲，那一天他們會說：「**哇！那些說華話的國家，開始懂得截長補短、相互合作，那是一個超大同盟國和全球最大市場，也許五十年後會成爲比美國還強大的國家**」。如果那些以華人爲主的國家領導人有遠見，也許會眞有這麼一天吧？

■ 統一台灣

以往，我們聽國內外某些政治分析家常說：「**經濟問題會拖垮中共，中國將會四崩五裂，沿海各省都想要獨立**」，但就筆者實際親身在中國來看，中國各省根本沒有分裂條件和意願，因爲近代中國那段被外人瓜分凌辱的歷史教訓，加上中國政府在教育中深刻灌輸，他們人民有很強「大一統」的中國意識，除一二個有特殊歷史的省份外(如民族差異性較大的新疆、西藏)，一般中國民眾普遍認爲「獨立」(各省)只會被其他先進國家控制奴役，「獨立」對多數中國民眾來說也許連想都沒想過，所以他們有強烈的統一才有「力量」，團結才有「偉大」的中國，才能恢復以前的光榮歷史，而且外國人也不了解中國人特有的忍耐與包容力。

而不停在中國境內投資的世界各先進國家也不容許它發生巨變，畢竟它已經成爲世界經濟體制裡重要不可或缺的一環。

反觀，統獨爭議一直是台灣最大的傷，台灣本身「分裂」遠比中國要嚴重得太多了。

台灣近年來被族群對立、政黨對立、南北對立、官民對立、政商對立、做什麼都對立，弄得我們混身是傷，而這個撕裂傷口更日益嚴重，彼此都不願正視(化解)對方的歷史仇恨與創痛，只想消滅對方的一切價值，這種凡事都會產生對立抗爭的立場，幾乎讓台灣分裂成兩個國家。

目前我們阿扁(總統)卻不知如何處理解決這個傷口，讓不少立委與政客們愉快地操弄族群對立與衝突，來獲取他們所需的各種利益，台灣的前進動力卻不斷在內耗中抵消，優秀富裕的企業家們早都私下辦妥移民證件，經濟凋蔽日益黯淡逐漸走向落後邊緣。

台灣一旦價值盡失，它將孤立無援在地球的角落逐漸被人遺忘。中國逐漸吸收台灣大部份的民生製造業後，或許沒有經濟價值後的台灣，會成爲國際軍事角力下的安置點，剩下來較高科技產業及稍有的科技基礎，爲了在國際生存及自身需要，很可能接受西方國家的技術支援，全力發展如輕型高智慧自動攻擊武器及飛彈系統等軍事產業，例如「奈米武器」(以奈米技術所研究出來的新式武器)。

中國要無視台灣內部分裂而造成經濟無法發展，還始終四處在國際上打壓，滅絕小得不能再小的生存空間，台灣將慢慢走向這條路，畢竟台灣需要大筆外匯收入來換取各種天然資源、保障國家基本生存的條件，以後軍事會不會更加對立，恐怕中國自己得用智慧來化解對立，不要把對台灣當成香港一般來看待。

到中國，隨便問任何一位當地人說：**「請問你是那國人？」**對方一定毫不遲疑告訴你說：**「中國人」**(中華人民共和國)，那就像我們問日本、韓國、美國人是那國人一樣無聊吧！

但同樣的問題，如果是問台灣島上的居民，可能會有二種完全不同的答案，更有大半人會看提問人的黨派、政治立場而選擇不同的答案。

對作者這種無黨派，到世界各地遊歷過的林口人來說，答案不會因人或不同政黨而有所不同，政客的口水對作者起不了任何作用。因爲作者是鄭某某(作者父親)家的人，作者在林口出生(待到國小四年級)所以是林口人，林口位於台北縣所以也是台北縣人，台北縣處於北台灣所以也稱爲北部人，自然也是台灣島上的人(台灣人)，出去拿的是中華民國護照所以是中華民國的人(這是歷史及現實與現狀的描述，爲與中國人〔中華人民共和國的人〕區分，作者暫時稱自己爲中華人)，中華民國在亞洲，所以我是亞洲人，亞洲在地球上，所以結論我是地球人，這個生態系的一份子，想想地球生態被人類破壞如此嚴重的時候，飲水都快成爲問題的今天，台灣是否換國號，也能讓社會(不同黨派)吵翻天。

七年前，同樣和作者支持「彭明敏」教授的民眾們，應該能好好想想「**現實**」問題，用實際有智慧的方式來謀求台灣的生存機會，如果只是台灣名字改了那又如何？中國就不打壓不孤立台灣，甚至幫助台灣加入聯合國嗎？名字還沒換成，反倒是國內黨派先廝殺起來；死傷差不多時中國再來收拾殘局。

今天我們要靜心思考台灣將來何去何從？擴大心胸將眼光放遠，在各自崗位上追求卓越才是我們今天該要做的事。

台灣不能在國際自在活動，是因爲我們不夠強，台灣經濟與科技實力還無法右左國際上那些重要的國家。如果國外的埃克森石油、聯合航空、洛克西德馬丁、微軟、英代爾、IBM、波音、AT&T、飛利浦、SONY、花旗銀行、輝瑞藥廠、通用、豐田及賓士汽車都是「台灣企業」，連NASA都得向台灣買技術時，誰不把你當國家看甚至當神來拜，重點是在於我們掌握多少國際上的關鍵與價值。

有一回大陸員工問：**「你們台灣爲何要搞獨立？」**

作者想了一下反問：「**那中國爲何要談統一呢？**」

這個矛盾就像某男：「**你爲何要跟我離婚呢？**」某女(……汗流夾背、莫名奇妙的表情)：「**可是我們還沒結婚?!**」

所以事實上，「**兩岸之間只存在統一問題！台灣獨立是事實不是問題。**」

「**國家**」不就是某種制度規章(憲法)集合某些人所形成的。

要是認爲中國的共產制度(包括該國家的整體一切)好，到中國辦理歸化手續，絕對比中華人民共和國要來歸化台灣政府要容易的多。

如果認同這邊的制度，那就用心來維護這個你可以表示意見的國家，選自己喜歡的總統，管它叫什麼名字。如果「**上伏塔**」(非洲某國)民眾覺得自己國家的名子不好聽而改成「**布吉納法索**」，還不就是那個國家，還不就是那些人民，是實質主權範圍在決定國家一切，關鍵不在名字本身，所以也不要老是把我們自己，和眞正中國(中華人民共和國)扯在一塊，分不清楚誰是誰，他們(中國)可不是這麼想的。

那些還不清楚已經獨立卻還要建國的獨派民眾；請問中國政府、人民解放軍、或武警公安有來管我們嗎？如果現在台灣不是獨立，那我們選出來的總統不就是假的？在自己管自己的情況下，還說台灣要「獨立」，豈不莫名其妙。如果一個人不承認自己是個「人」，那別人怎麼會把你當人看呢？實際存在的國家主權，國民之間有強烈國家意識時，不比國際法或條文來的**更重要嗎？**

至於統派民眾，是否承認台灣(中華民國)獨立的事實，否則我們與中國談什麼統一。兩岸分裂的情況下，對面很明確表示自己中國唯一的代表者(國家)，而且經全世界認同，那我們台灣(中華民國)又算什麼？中國又是什麼？如果我們自認中華民國是個國家，那又與「兩國論」、「一邊一國」有何不同？如果要統一中華人民共和國，我們能說服中國十多億人口及各省的政治勢力代表們，來接受台灣中華民國政府或我們的憲法嗎？但讀者知道他們看「三民主義」的價値，就跟我們看共產主義是一樣的！

去中國高談闊論、四處宣傳「中華民國或三民主義統一中國」等口號，看看下場會如何，如果被抓，那得把口號改成「**學習香港澳門回歸祖國，接受中國的一國兩制**」才可能活命呀。

沒有一個韓國(國家)裡面又能包含北韓(朝鮮)及南韓兩個國家，那個韓國只能表示代表地區、相似文化或民族的代名詞而不是國家，而且得改成朝鮮半島地區。同樣，台灣與中國之間的統稱也要改成「中華地區」，如果我們講自己是中國國民(中國人)，會被世界各國認爲是中華人民共和國的國民，這點是國人得認清並得接受的現實。

而兩國或兩岸之間，也沒有什麼一個中國下有兩個政治實體或共識(一個中國裡有中華人民共和國及中華民國兩個國家)這種白痴大笑話，中國視中華民國僅是地方行政機構，又怎麼可能與我們有共識呢？

中國(中華人民共和國)和台灣(中華民國)是兩個國家，也就是有這因素，雙方才會產生統一的需求，當前面條件不存在，後者需求也就消失，如同香港及澳門回歸前便是被其他國家管轄，才會發生後來的統一或回歸事件，如果港澳一直由中國管理，那根本沒有統一或回歸的必要不是嗎？

以後，如果我們還聽到某些政黨或候選人，提出什麼台灣要獨立、要承認一個中國下兩個政治實體共識(九二共識)、台灣不是獨立國家、台灣要建國、中華民國內包含中華人民共和國一切等這種玩弄族群對立、分裂國家社會誤導現實狀況言論者我們都該唾棄。

有智慧的台灣領導人，一定要尋求自己全體民眾都能有的國家基本共識，基於台灣各個族群的不同文化背景及創痛，找到一個共同且符合現實的認知，來化解莫名奇妙的意識對立與不安。

憲法也要將目前不切實際的部份做修改，以免讓有心政客又藉此炒作、擾亂視聽造成族群對立，統一自己內部才是所有參政者首要解決的最重要問題。

當然「**只要我們台灣內部團結，國家叫什麼名字都可以**」。

要是連台灣自己內部都不統一了，連個名字都分成兩國，中國又怎麼能夠和平統一台灣，除非使用武力征服，否則中國絕不可能主導台灣的命運與方向。一旦對台動武，那台灣將永遠與中國劃清界限，其他民主國家就算沒實際軍事行動支持，與論批評也會甚囂塵上，對中國採取一連串的經濟制裁行動，順便壓制日漸強大的中國，台灣將成爲另一個科威特或歐美軍隊在東方一艘不動的航空母艦，這些可能使得中國不敢輕舉妄動。

「台灣內部不統一，沒有在國際享有應得的地位，和中國的統一就永遠不會開始」，兩岸還有一段時間得各走各的，時機到了在誰都不吃虧的意願下，自然可以走在一起。

要是數十年後(應該是不短的時間)中國和美國一樣強盛，也一樣重視人權民主時，台灣人民又有誰會不願統一呢！我們也不要現在把自己給限制死了，以遙遠地來談「統一」將是台灣最俱強大優勢的籌碼，這種優勢放遠全球也就只有我們有(香港、澳門都沒此優勢，更何況是日韓這些國家)，台灣何不好好運用呢？

別自我混淆視聽，當我們和中國談遙遠的統一時，便是在證明台灣是一個獨立國家。

看過彭明敏教授許多文章，作者自己覺得彭教授也是朝這種理念在思考，而不是那些已過氣政客們那種侷限狹隘，又帶著鬥爭對立的作法。李前總統曾說「中華民國在台灣」，如果改成「中華民國在地球」會更突顯我們(台灣人)眞實存在與獨立的價值意義。

台灣人自己要了解，和中國(中國共產黨)有對立衝突是中國國民黨，而不是老台灣人；老台灣人的傷痛不是共產黨幹的，而是逃到台灣用族群隔離政策的中國國民黨所造成的(不談傷害最重二二八事件及後續的清鄉行動)。

因此只要中國國民黨在台灣消失(改名)，中國(共產黨)也就沒有歷史仇恨的對向，而對所有的全新台灣人而言，中國可以是一個合作夥伴，就跟日本或其他國家一樣。

如果中國想統一台灣，那就拿出實際的手段來說服、感動所有中華民國(台灣)的國民，中國如不這麼做，老是打壓台灣的生存空間，這樣作法根本就是不想統一！所以國內的統派民眾，應該把矛頭指向中國，別老是罵自己國家總統應該怎樣，這實在沒道理也找錯對象了。

■一國兩制

不久前和一位在廈門保稅區工作的好友聊天，在電話中他突然問作者：「**支不支持一國兩制？**」

作者愣了一下說：「**你怎麼會突然提到這個問題？**」這話題眞的是好敏感耶。

他答說：「**今天發生一件很好笑的事，就是我們公司那個負責採購的張姓女同事不知和老板(台商)談完什麼事，竟然問他說支不支持一國兩制。**」心理想這種事好笑嗎？那位大姊頭會不會因老闆聽了不爽而被炒魷魚？

作者驚訝又好奇的問：「**那你們老板有什麼反應？**」心想那個採購是不是被炒魷魚了？

他說：「**我們老板都沒講話，不過眼神中似乎透露著那種不屑的表情，他在公司一直忌諱談政治，所以我猜想他應該是反對吧？**」

作者：「**嗯。**」那當然囉，誰會莫名奇妙找個人來限制自己自由。

友：「**那你支不支持一國兩制呀？**」哇靠！在別人的地盤上，這該怎麼回答哩！

作者：「**哦！我想，**」先借用他們老板的立場來推測表達，「**我想，你們老板可能是想說你們也沒去國外，沒看過那些國家是如何民主與進步，也沒去過台灣，連台北市在哪裡、長什麼子也不知道，而且台灣總統是經全國人民投票選舉出來，有自己的軍隊、政府、憲法，更沒有其他國家能干預我們政府運作，講一國兩制是不是太那個一點？**」

友：「**但台灣是中國的一部份呀！**」部份？是那一部份？大腦還是膝蓋，邊想心裡有點想笑，而且這個笑話最早是從誰的嘴巴說出來的？

作者：「**哦。**」一時間覺得他們是無辜的，反正中國政府在媒體說什麼、電視演什麼，世界(事實)就是什麼！同情心油然而生，突然宛如菩薩心腸的慈悲地告訴他說：「**如果我們不談兩岸關係如何？也不支持任何黨派立場，或之間有什麼歷史仇恨，換個角度來說，如果換成台灣政府來一國兩制**(統治)**中國您說好不好？**」

友：「**開，開什麼玩笑，那怎麼可能太奇怪了！**」在電話那頭的能明確感受到他的那股衝動。

作者：「**奇怪！不可能哦。**」嘿嘿！帶點疑問的反問。

友：「**是呀！這怎麼可能。**」對方很肯定的回答。

作者：「**可是你知道嗎？當台灣人聽到一國兩制，我們心情**

其實是和你剛才聽到的反應是一模一樣。」台灣好不容易從日本及國民黨加起來快一百年的專制統治走出來，別再逼我們跳火坑了好嗎？

友：「**但是‧‧‧**」對方沉默不語也許是有點感同身受吧！

作者：「**如果能體會我們的心情，也許你就能了解台灣與香港或澳門是完全不同的世界，完全不一樣的歷史背景，而且台灣更擁有港澳所沒有的完整主權機制和運作架構。**」其實作者自己對於後面要講的話有點擔心，電話是否被公安監聽？算了，就慷慨赴義地給他說出來吧：「**如果我是溫家寶！**」

友：「**什麼？**」對方似乎有點聽不懂作者在說什麼了。

作者：「**我是說，假設我是溫家寶。**」想想自己的名字也有個「寶」字，總能攀點關係吧！「**我會『以退為退的方式』先承認台灣獨立，如此兩岸關係才能快點進入實質的統一階段，也如此台獨市場立即崩潰消失，就算往後和中國唱反調，我們依舊能讓台灣無法在國際間生存，不過把台灣搞死了，人才都移民走了，收回來反要中央補貼豈不是得不償失，如果透過我們的協助讓台灣產業及科技發展能超越日本，兩岸人才密切交流及通婚，也許不用十五年後就能統一，至少現階段三通及各種交流投資等種種障礙都能立即解除，合作必能獲得更大利益，我想鄧小平同志在天之靈也盼望這天到來，如果我是溫家寶。**」

友：「**是嘔！**」他心裡可能是想：一個小小台灣算那根蔥呀！

作者：「**我只是講一個政治笑話給你聽聽，當然這只有兩岸**

的英明領導人才夠資格談這些，要不然像『一國兩制』這麼嚴肅的話題，與我們小老百姓何干，你說是吧。如果政治是爲了人類能互助合作，追求一個更好的明天而努力，能用其他和平方式代替敵對和戰爭那該有多好。」

友：「···」

作者：「**喂！喂！你還在線上嗎？**」

友：「···」好像聽到對方傳來打酣聲。

咦！怎沒反應，可能睡著了吧！只好結束對話，心想：「**嗯！這招果然有效。**」

■中國危機

在廈門這裡，雖然是號稱治安與國民素質較高的地方(和廣州相比確實是好太多了)，但作者來了一年還鮮少聽他們說過「**請**」、「**抱歉**」、「**對不起**」、「**借過**」等，長期觀察他們似乎缺乏禮貌、守法、道德等現代公民應具備的基本素養，更沒有如台灣或日本人那種「**利他**」(註)概念。

在廈門會展中心，每到週末假日的傍晚一大群等著搭公車回家的中國人，爲了搶位子坐，他們可以把公車出入口的一半馬路佔據。即便在麥當勞點餐或去銀行排隊提款，都隨時有人從旁邊插隊，問中國人說：「**怎麼不排隊？**」時，還會白你一眼說：「**我急呀！**」這種只爲自己不顧他人的心態，那就別提他們坐公車是怎麼推擠上去，下車時是怎麼用手將兩邊乘客推開叫嚷著「**讓開！讓開！**」，經常看到剛上車的某人踩了別人的腳後還怪他腳亂放，爲了爭面子逞口舌之快當場就大吵起來，在我(外國人)看來眞不可思議。

中國人普遍存在一種凡事以自己爲中心，圖自己方便還大過於各種法令條文規範，將特權、通曉門路(搞後門)當成一種自豪象徵表現。在一般行爲表現稱爲自私不守法，在工作上就變成沒有職業道德。

作者某位中國同事，因摸魚(打混的很明顯)而考核劣等，領較少薪資時還可以說他是多麼努力而起爭執，當我們拿著考績證明時他們依然能睜眼說瞎話，好像一切的過錯都在別人身上。該員工離職後，即使有合約規定財產權屬公司，分析及設計規劃由上層部門完成，他認爲程式是他寫的所以東西就該歸他，就像砌磚工人對建商及設計師說：「**這棟大樓是我蓋的，所以財產是我的**」一樣令人噴飯，但卻又拿他們沒輒。

在廈門人才市場(專門招聘人才的交誼場所，一周固定舉辦兩次招聘會，招聘廠商每次需付人民幣三百元租一小攤位，找工作者付五元進入)中午原本會提供便當，之前因SARS緣故便當改成退還二十元現金，作者某次(六月下旬)簽到時，將名字寫到了拿取退費的地方，而簽到處便爲空白(因爲兩處相連，在簽名時她們也沒說要簽那裡)。

招聘會快結束時，櫃檯小姐拿著單子要作者補簽到，作者簽名後問該小姐退二十元的事，她馬上說：「**你退費的地方已經簽名了，表示你錢已經領了，我們不可能再退一次錢給你。**」

作者問：「**您剛不是說我簽錯地方嗎，要我再補簽不是嗎？**

而且當時您也沒退錢給我，而工作證(以此證換錢)**也還在我手上，妳們怎麼可以這樣？**」她們就硬著簽名所以吃定了作者，怎麼也不退錢，作者心理一橫：「**算了，有些中國人就是這個樣，跟這種人講什麼也都沒用的，爲了一點點錢，什麼禮義廉恥都拋到腦後。**」就作者(台灣人)的成長背景而言，很難理解他們(中國人)這種價值觀。

某次廈門公司房租到期而搬遷，作者繳完各種費用後，剩下半個月的水電費(大約三、四百元)委託給當初承租的仲介，當時留了一千元(人民幣)委託他代爲繳清。一個月之後大陸同事前往清算，該仲介竟說錢都繳掉了所以沒剩，同事要他拿出收據也說沒有，還跟房東一搭一唱表明別想拿到剩餘的錢。

這件事讓作者實在傷心透頂。因爲該仲介經常有文件要作者幫忙打字或打印(列印)文件，作者都義不容辭免費幫忙，還花時間指導解釋台灣不動產仲介如何經營，每次至少浪費半天的時間，沒想到中國人竟把錢(而且是一點點小錢)看的比朋友情義、人格操守還來的重要，這些親身經驗讓作者對中國人實在失望透了，突然「劣根性」的字眼浮現在腦海中。

剛在台灣拜完中元普渡作者又去廈門上班，以往那邊的公車不管有沒有人都會到站停靠一下，當停靠時間太短，來不急下車的乘客，多半都會大聲喊叫要司機「**停車**」，因爲他們習慣停車後才離座衝下車。

最近新上路的3號小公車(輪渡到前埔)，在後車門的兩側扶桿裝設下車鈴，也許他們還不習慣在台灣少說有二十年以上的東西，作者在離要下車的車站約不到一百公尺的地方按下車鈴，司機竟然破口大?是誰按下車鈴的，而且連罵了三四句，作者頓時無言以對不知該說什麼，心想「**我這樣做錯了嗎？**」奇怪的是這個路線的公車是有站牌才停靠，怎麼變成和以前舊小巴隨招隨停一樣了呢？而且作者就是希望事先告知司機好讓他做準備，也許該司機習慣他們那種，隨時有人喊停車(下車)便馬上緊急煞車，管乘客會不會舒服的那種下車方式？

作者走在路上猜想，該司機可能是前幾天還在開舊小巴的吧，公司還來不及做職業訓練才會這樣？要是台灣司機(作者住陽明山搭小巴的時候)一定會先客氣地詢問：「**您要在那裡下車？**」更不會也不敢對乘客破口大罵，反正中國目前就是這個樣子，氣一氣也就算了。

但平心靜氣的想一想，這個問題將對中國以後的發展會造成很大的限制，雖然有最新的硬體，但民眾素質卻遠遠落後不搭調，這也不是要民眾能講一口好英文就能解決的，對他們一些習以爲常的缺點、不良的價值觀，也只有外國人才看得見，能夠比較出差異來。

註：「利他」。「他」是指大眾與整個社會，包括規範、法令等。即使沒有條文法令強制規定，會以大眾利益爲優先前題而約束或犧牲自己的權益。

■東方美國

說實話，台灣除了受日本教育的那一代還會遵行「誠信正直」、「守法份紀」、「路不拾遺」、「整齊清潔」外，到國民黨時代，一般民眾除了灌輸忠黨愛國(黨大於國)外，骨子裡根本就缺乏現代民主國民應有的內涵。當時台灣多數民眾還不能自由出國觀光之前，國民素質和現在中國民眾相比恐怕也沒強多少。

作者印象中、台灣剛開放自由出國觀光時，台灣人在海外的各種醜態，如在飯店、百貨公司等公共場所不顧他人大聲喧嘩，四處亂丟果皮紙屑、隨地吐痰，將飯店餐廳內的睡衣、毛巾、踏墊和餐具刀叉順手牽羊，當時新聞媒體播出這些，政府和媒體批評好長一段時間，才逐漸將這些「劣根性」給改正過來。

台灣人是因爲自己到國外後，了解與別人差距有多大，進而才有比較、模仿學習的對象。

因此，中國政府現在更應該降低出國門檻，簡化手續，更自由地開放民眾出國觀光，更重要是能鼓勵一般中產階級民眾(不是那些有錢人)到先進國家開開眼界，同時協助旅行社朝大型化發展並自由競爭，減少旅行社不當的高額利潤，否則中產階級是沒能力出國，而這群人才是中國能否提昇的關鍵所在，他們可能只是某公司的職員，但也可以成爲企業的老板，只要他們增廣見聞，中國社會就能產生新能量，中國政府不能老是靠外資來提昇自己。

當中國大眾能像其他國家人民自由進出各個國家，兩三年後素質一定有顯著的提高效果，要是單純用學校的教育方式，可能十年後還達不到相同效果。切記這時媒體一定得發揮教化民眾的功能，中國人在海外的各種醜態一定要不斷地播報及檢討，否則就無法教化民眾成爲現代化公民，中國政府要不停灌輸自己的人民要謙虛有禮貌、尊重自己更尊重別人、懂得守法自律、學習互助合作、培養榮譽心、建立道德觀、負正義感等，而且錢的觀念要建立在這些基礎之上，所謂「不義之財，不取」。

當中國人民與各行各業努力學習時，一定能在短時間彌補與外界脫離五十多年的空白，中國可以很快進入先進國家之林，這對中國好，對台灣也好，更對全球經濟也能創造更活絡交流，中國貿易可能一下子提昇數十倍的成長，當中國人能逐漸具備現代公民的素質水準和觀念後，兩岸有成熟理性的態度就可以從敵對，逐漸走向互利合作的方向前進。

雖然中國已有東方美國的架式，在局部發展及部分科學研究領域逐漸站上全球尖端地位，開始能與歐美日先進國家平起平坐，但許多區域民生產業發展存在一種很糟糕的發展模式，如仿冒、地方政治團體介入、不當削價競爭等情況發生。

二十幾年前中國本身的技術與經驗還不成熟，可是到了今天，中國社會、產業已從先進國家累積了相當多的經驗與技術，很多國外企業進入中國投資，當他們(中國企業)看到可以獲利，了解其中經營關鍵後，便直接省去研發成本與時間便開始模仿，沒多久便推出同樣產品低價狂銷，即使外國廠商改用再高的科技設備，也不見得能敵過他們的人海與低價戰術，如果背後還有地方政治勢力介入，外資企業受到各種刁難與壓力後，很快會被逐出中國市場。

而國外企業也會漸漸了解中國這些問題特質，而改變投資方式或減少金額，這是中國以後要吸引外資最大的問題。在中國投資的台資企業也得要深入了解思考，如何面對當地企業崛起競爭與嚴重的仿冒問題。

另外台灣多數人普遍認爲目前中國比我們落後，例如他們的平均所得比我們低。但作者卻認爲中國今天已經超越台灣許多，因爲平均所得對這種已起步的超級大國來說是完全沒有意義的，他們的窮人到三十年後還是會那麼窮，數量也許會更多(就好像美國發展兩百年後雖然富裕，但還是有一堆窮人存在)。

中國富豪正不斷產生，而且逐漸會比香港、日本或台灣的富翁還要有錢，企業規模也更大，也有高深的技術實力。中國有錢民眾的消費力不比我們差，富有人數也逐年成長翻倍，他們政府在國際間的影響實力是愈來越大，就台灣目前及往後的發展，事實上早已跟不上中國了，但我們還是能夠發展出屬於自己獨特、專精領域的生存空間。

■中國式民主

中國式的民主，尤其是總理(總統)直選一定要走在政黨發展前落實，否則中國會步入類似台灣那種政黨惡鬥的泥淖裡(因為兩岸民族性不會差太多)，中國需要一個超級優秀眼光深遠的領導人，奠定中國往後民主及強盛發展機制與基礎，這比是否發展政黨政治要重要上千萬倍。

沒有政黨就不能發展民主政治嗎？中華文化可是由數千年博大精深的宗教思想，各種深厚內涵的學術流派、哲學所建構成的，中原數千年以前堯舜時代就有的選賢與能，這些可都比今天政黨政治還要文明進步。

中國要以整個「國家」為核心來規劃發展，而不是為了某個政黨或主席，如果中國能建立如同美國那種超大型多功能又精細的中央政府組織，才不會使得每個省份各自為政。配合具現代化、有科學知識的中國大眾，以超強包容力及同化力著稱的中國和遍及世界各角落的華人，百年後的中國將會是何等盛大的局面。

也許讀者看了老半天想問作者：「**我們的中國政策到底是什麼**」？

作者的回答是：「**協助中國穩定與進步的發展，並尊重他們**」。

當我們有智慧，凡事以理性的正面態度來面對一切，敵人也能成為朋友，所謂「**慈悲無敵，智慧不煩，互利萬通**」，只要兩邊都有心好好發展，自己(國家)定位清楚，其它的都能水到渠成，順利達成。

第8章
地方發展國際化

■一則新聞

年初(2003)作者在中國的網路上看了一些有關於南科發展遲緩的新聞，其中內容提到「…**國家政策的關係，每個縣市都要蓋科學園區**…**資源錯置，政府亂開支票**…**南科泡沫化**…」之後，深感痛心與著急。

政府看好半導體「製造」，所以台灣從北至中到南都要蓋工廠設科學園區，但比這更重要的產業(如電腦資訊軟體)卻不見全盤規劃，而日漸萎縮(人才都到中國去了)，這究竟能為寶島台灣未來留下什麼？錢？不會的，它只會流到少數資本家手上(通常他們沒有國界之分，有的可能還具備數國公民身份在全世界各地置產投資)。

就業機會？但我們卻進口更多的國外的低階勞工(社會水準也被影響下降)，眞正留下的東西是什麼，那叫「污染」，大家都知道也都莫可奈何的事。

■返鄉

作者從廈門回來過年，雖然這次停留的時間較短，得趕緊回去安排新員工訓練工作，還是特地上林口找一位從小認識也是同學的老友，聊聊彼此的近況。

這位同學在林口從事不動產仲介有多年經驗，目前已是一家著名連鎖仲介加盟店的店長。當天中午作者進店裡找他，當時他正拿著兩份COPY的建物權狀準備出去核對房屋狀況，他說：「**坐我的車子一起去現場看看**」，便跟著他往華亞科技園區方向駛去，短短的路程勾起了作者對故鄉的點點回憶，林口還是作者出生的地方，去廈門前還住在這裡，林口還有很多小時候混在一塊的死黨，一起偷挖農家的蕃薯烤著吃，到湖邊釣魚、游泳，人們總是對故鄉有著一份摯熱與深厚感情，並永遠聯繫著。

林口的樣子

林口台地因長期禁建，除了靠近高速公路兩側規劃的新社區蓋了密集的住宅大樓外，林口發展的腳步類似接近冬眠狀況緩慢發展著，也因此生活在林口沒有停車和塞車問題，開車二十多分鐘就可以從林口台地的西邊到東邊，除了中正路舊街(早期稱林口路)外，道路旁通常會有綠樹，甚至是一大片廣闊的相思樹林，開車往外看可以看的很遠，沒有水泥建築醜陋壓力感覺特別舒服，這是林口的樣子希望她能永遠這樣。

前台北縣長尤清將棒子交給現任蘇縣長之後，林口前進的腳步才感覺有稍微動了起來，但身爲林口人的作者卻又擔心，以現今政府的規劃能力推測，過度發展(開發)以後一定會變成像三重、新莊那種醜陋擁擠雜亂的都市。

原本林口四處可見的相思樹林都被一一剷平，現在能看到只是片片露出黃中帶紅的泥土空地，作者似乎已看見那種三重、新莊那種極度擁擠、醜陋雜亂的都市模樣。因為作者國小五年級後便搬去新莊，作者也在那裡待近一半的歲月，還在三重買過房子，在那兒地攤小販四處林立，髒亂窄小巷弄塞滿汽機車，水溝邊不時傳來陣陣比豬舍還難聞的惡臭，當作者剛從國外回來，尤其到環境較好的日本或澳洲，剛回來會特別難以適應，也許我們生活的痛苦指數就是這麼產生的吧？

作者也曾在陽明山上的竹子湖住快二年，面對林口觀音山東一堆西一塊的墓園有多少感慨，為何台灣人不能好好規劃自己所生活的都市，也善待這片土地和其他生物。為何不拿日本多摩市、澳洲的坎培拉或某些有特色城鎮，當發展藍圖的參考範本，讓大自然就在你我四周，在客廳就可以享受到森林浴，喝比自來水都更清靜的山泉水，夏天再熱也不需要冷氣，至少讓林口像士林、天母，那有多好！難道非得把林口塞滿一堆人然後升格成市，然後變成另一個三重或新莊嗎？

■兩岸比較

作者問同學：「**近來林口房地產如何**」？

同學說：「**很慘哪，景氣這麼差現在建商都不敢推新案，市場像是結冰了一樣。**」的確，四週許多閒置工地(空地)長滿了各種雜草，望去至少也都有一年以上時間。

接著作者簡介大陸房地產情況供他參考：「**廈門房地建設工**

程幾乎不間斷進行著，這邊蓋好了另一邊又開始動工，工地人進人出好熱鬧的樣子，因爲品質要求低，所以工程進度也超級的快，十天就蓋好一層，台灣會考慮水泥的凝固時間，安全上至少要十五天才能完成一層。他們基地面積平均都大上台灣數倍至數十倍，一次蓋至少都五六百戶以上。但是鋼筋、樓板、樑柱水泥都薄薄少少的，房價還賣的很貴，有些靠近廈門會展中心的新大樓，都已經喊到每平方米(公尺)5000人民幣起跳，換算台坪及幣別，等於每坪也要台幣六萬五千元，除土地是國家所有只能使用六十年外，房子還是那種連地磚、馬桶、門窗，什麼都沒有的毛胚屋。就以我當過監工的經驗來看，他們(建商)實在很「敢」賺，而且是超暴利的賺，不知道政府相關辦事官員是不是有不少好處才敢這樣吧？算一算，廈門地段不錯的房價，比林口或是廈門對面不遠的金門房價(有裝修有土地更沒年限)還貴得多。不過有很多中國內地發了財的爲了能在廈門有個戶口，小孩可以在上廈門比較好的學校，很多房子上市不到一兩個月便被搶購一空。」

■錯誤規劃

看完兩間房子後，朋友要作者到他家吃午飯，而且飯菜也都準備好了，盛情難卻下也就答應了，我們便往他家方向駛去，到同學家的路上經過林口台北新都對面的一大片空地，突然由感而發。

作者指著空地說：「看，這一大片地空著也三四年了眞是可惜，如果是蓋大學這裡早動起來了，很難相信這裡是依照台北世貿商業區的條件(建蔽率)來做規劃，更想像不到林口哪來的那種商業條件。」

問朋友：「你想，新光三越百貨或華納威秀會跑來這裡開店嗎？家樂福如果設在這裡，山下(指桃園、五股、泰山、新莊)的人會爬上來消費嗎？」朋友只是搖著頭感嘆。

那片空地眞要能帶動林口經濟與周邊產業發展，蓋大學還實際點，看看桃園中壢市，就是因爲數所大學而帶動當地的繁榮(人口爲全桃園之冠)，不就是一個活生生例子。

事實上，從這裡閒置三四年的空地，就證明投資者是很現實的，如果換成是作者手上有資金，也寧願選擇台北市內湖明水路那一大片的商業空地來投資，至少那裡居民的平均消費能力遠遠超過林口，只要台北市政府能做些工程措施，保證那裡不再淹水，台北捷運內湖線能準時完工，在那裡的投資報酬與風險絕對比林口值得(回收快)。

■世界級的特色

作者接著說：「政府爲何不利用林口已有的特色與資源，來規劃世界級、有國際特色的都市呢？」

「例如，我們想要買世界最新的電器，第一個便會想到東京的秋葉原。同樣的，林口有規模全亞洲數一數二的長庚醫院及相關資源(如長庚大學、長庚護專、華亞科學園區及一大片平整待利用的空地)可以運用，如果台北及桃園縣長、林口及龜山鄉鄉長能與王永慶先生共同協商規劃，甚至政府將整個林口台地畫爲一個特別市(當然還要有中央政府與立委的同意)，這個特別市以醫療及生物科技爲核心，整合與醫療相關教育與產業，以國際醫療鎮(都市)做發展定位，讓全世界要看病、美容、復健、養老、開腦或各種重大手術時，第一個想到是台灣的林口國際醫療都市，甚至讓國外就讀醫學院的學生，要來此學習朝拜，進修研習。」

「如果林口能按這個方向發展，可以讓林口變成一個四處是公園的都市，塑造成國際級醫療養生環境，使的醫療院所、醫療相關的教育學院、醫療科技研發與相關公司、具醫療功能的國際級度假養老飯店(飯店內設醫院，不是醫院內設飯店)在茂密的綠色植物中佇立。」

「雖然，目前林口沒有大衆運輸網可言，但如果能夠開放民間經營公共運輸系統(不是BOT那種，而是開放直接由民間自己興建及經營類似地鐵，都市輕軌電車等公共運輸系統)，要是能說服王永慶與張榮發先生集資建輕軌捷運電車，由桃園中正機場經南崁、林口(長庚醫院、長庚大學)、泰山(南亞、大眾電腦、明志技術學院)、新莊、三重連接台北(台北長庚、台塑)及松山機場的大衆運輸系統，這遠比偉大政府十年才建好一條地鐵來得實際可行，況且民間(台商)競爭力遠遠超越目前被政商立委所把持的民主政府，而且這些建設也符合他們企業自己發展的需要。」

「當林口台地有輕軌捷運電車環繞貫穿，鼓勵讓大衆使用低污染或電動機汽車，或採行某種限制手段另外地非環保交通工

具進入時收取高額費用，如廈門島禁止外地機車進入，廈門鼓浪嶼及澳洲的SentriesCover社區內只允許居民以腳踏車或GOLF電動車代步，當然交通接駁系統也必須設計的很完善方便，林口都市必須以世界級做要求，絕對不是像新莊、三重那種毫無規章隨便建設的都市，如果林口成功了，對其他那些還沒目標發展的都市，才有學習參考對象。」

■靠自己生存

有記憶以來，林口的各種規劃一直都只是定位爲台北市的衛星都市，計畫成台北市上班族居住通勤的城鎮，但林口卻因交通不便(雖有高速公路，但泰山收費站卻成了一個阻礙)成爲林口發展停頓的主因，如果眞要扮演此角色就應該建一條直通台北的專用快速道路，如果做不到起碼要把泰山收費站往後移(建議是取消，因爲林口對桃園依存度比台北市高)，上述兩點政府全都沒做，由此可知林口的重要程度，在官員的眼中只是一個不起眼的邊陲地帶。

如果林口能以醫療主題，重新建造一個國際級的特色新市鎮，假以時日、成就(稅收與外匯創造力)不見得輸給台北市，起碼林口目前有大片土地空間可以作規劃運用，而現有的華亞科學園區也可轉成以醫療科學爲主的科學園區，裡面也允許設相關大學院所，以後林口無須依賴台北，說不定台北松山與桃園機場還得靠林口這個國際醫療都市來增加客源。

朋友聽了似乎略有同感，只是感嘆說：**「我們官員能有此視**

野與魄力嗎？」才說完就到他家門口了。

■成熟面對

他們家就在林口高爾夫球場旁，朋友父親在球場裡面工作直到退休，當初業者向他們村民徵地時似乎有一個私下協議「當地居民可以免費打球」，這點作者無法證實，不過高中時倒常與這位同學在傍晚從後面溜(正確說是大方用走的)進去打球。

吃完了飯和他父親聊天，他問：「**在中國生活習慣嗎？**」

作者：「**還蠻習慣的，因爲在廈門氣候溫度與台灣相近，講台語**(閩南語)**也通，有回我在仙岳路與嘉禾路口Wal-Mart沃爾瑪賣場內麥當勞寫企劃案時，因爲太投入，工作完成後想說該回家**(指林口房子)**了，起身後才驚覺自己身在中國。**」

由於同學的大哥從事婚紗攝影工作，作者提及很多到中國開婚紗的台商都做的很好，成功比例蠻高的可以到中國看看商機，他父親似乎還蠻有興趣的，說他朋友有一堆二手婚紗禮服可以運過去賣或開店，主意似乎不錯。

作者：「**如果能直接通航就方便多了，成本就划算多了，運費如果太高，倒不如在當地買還比較划算。因爲中國出口婚紗禮服已是世界第一，大多也是台商所經營的，價格也好商量。**」

由於朋友父親是傳統基本教義派，談到兩岸直航他便是蠻反對的，他說：「**如果直航台灣一下子就完了，以高爾夫球場**(產業)**爲例，原本一萬五千多元的機票如果直航大概只剩下一半不到，時間從半天減少至兩三個小時，如果是南部沿海更只需**

一個多小時，那麼許多原本要在台灣打球的人都轉到上海、廈門的球場去，周五下班後收拾一下行李，旅遊公司專程到府接送，打兩天球外加購物與其他休閒活動，星期天中午回來，這樣行程不到萬把元就可享受，如此下去台灣高爾夫球產業不就完蛋了。」

■事實真相

事實也確是如此，就如朋友父親所說的，如此下去台灣產業眞是沒得玩了。

以作者的觀點來看：「**如果我們一直不把中國發展當成事實，面對中國有這優勢的現狀與趨勢來因應，台灣產業才眞是完蛋。**」

因爲台灣人不去消費不去投資，日本人、韓國人、法國人、德國人、美國人…等競爭對手一樣會去消費，一樣會去投資然後占光市場與先機。

兩岸因幼稚的政治對立，阻礙直接通商通航，讓台灣各種成本遠遠高於香港人、日本人、韓國人，還讓競爭對手(不管是航空、運輸、金融或各種服務業)賺一手才眞令人氣憤和痛心，但同樣花錢到菲律賓馬來西亞遊玩或投資的人(或企業)，卻沒聽過什麼批評喪失競爭力的聲音，但這兩者之間又有什麼區別呢？

如果在中國投資的外商，如美歐、日韓等企業，要與台灣做生意，或是台商要服務他們(不管是原料、成品或其他服務)，台灣是不是把自己的經商大門給關起來了？如此台商如何根留台灣，歐美外商不會轉投資同樣靠近中國的韓國或日本等國家嗎？

台灣部分人士把自己困在一個圍牆裡，將自己的耳朵、眼睛遮著就以爲事情都不會發生。如果我們能面對現實，台灣其實可以影響整個中國經濟，尤其是文化及藝術層面，只是看我們政府有沒有大格局與充份計畫。

中台之間誰不知道兩岸統一是遠在數十年、甚至是百年以後的事，能不能統一那是下好幾輩的事，我們何必急在今天爲下一代決定呢？這點中國已故領導人鄧小平也曾暗示過，難道我們政府就這麼笨。他的一個中國我們就一個大自由中華聯邦回應，到中國的台商哪一個不以台灣人(獨立國家)自居，中國的統戰怕甚麼，他們才更怕我們了，他們的危險就像膨脹氣球針紮了就破，只是大家都害怕他爆炸震波可能會讓全世界都受不了。

■信心挑戰

事實上，中國本身有相當多的問題，這不是說去中國觀光三兩次就能體會或察覺到的。中國的進步是像台灣三十年前知識水準的人民，配上今天科技處處顯的不搭調，那種進步中帶著落後，缺乏文明與現代民主涵養(如衛生、禮貌、法治觀念)，這是要在中國生活一段時間才會有的深刻感受。

他們雖然有最新型的公車，但司機可以在乘客才剛上車或才下車，不管你是否危險就開動，有些公車巴士看到路旁有加油站便直接開去加油，車上二、三十人就在那裡傻傻地等著司機加油，漂亮外觀的房屋住宅裡面卻是粗糙的難以想像，他們各種事物的外表與內涵之間還存在很大的差距。

如果直航後，國人會紛紛去中國打球，剛開始會是如此，但過了新鮮期還是會趨於實際需求，兩邊的服務水準與品質還是會有差異的，中國高水準球場價格不見得比台灣便宜。像不少日本與韓國人，不去中國、菲律賓、泰國卻只喜歡來台灣打球，這證明我們有特別之處，只是我們還沒好好發揮(發覺)我們的優勢而已，台灣球場還是會有做不完的生意，另外我們也可以到中國經營球場呀(如果飛機一兩個小時就到，不是比開車到高雄還近，機票如果便宜連總機小姐都可以從台北派過去)，不只中國，其他國家我們台商也都可以去發展，**「台灣所有產業**(教育、建築、金融、餐飲、資訊、休閒育樂)**都要有國際化經營眼光與實力才是」**，再者換個角度想，如果台灣眞正開放中國人來台，光十分之一的中國人口來台觀光，我們就不知可賺多少。

如果林口眞發展成國際醫療都市，林口附近的高爾夫球場可以規劃符合醫療特色的服務項目之一，例如有適合病人較小的球場與運動方式(病人要是打標準的36洞可能會在中途掛掉)，只要我們自己不停追求進步，並創造更高的價値特色，且價格又有競爭力，台灣廠商根本就不用害怕競爭，況且我們還可以將中國優秀美貌兼備的人才吸引過來，台灣要是有「**智慧**」還怕什麼。

■地區國際化

誠如作者所比喻的林口國際醫療都市一般，每一個縣市政府要去了解自己當地的地理、交通、人文及產業活動，將自己的特質特色以國際化的角度來規劃它，這不是那種一縣市一特色的水果或小吃，也不是非得要新竹那種科學園區才行，這種特色要能夠拿上國際檯面，能夠引進國際資金與世界合作的機會。如果召集整個縣市內的當地人才與專家，一定能夠找到很好的定位來，也如此自己的鄉鎮才有好的人才願意留下來發展，發揮專長，而且這種發自內心的付出與貢獻，威力會更加驚人、持久！

但首先各縣市第一個要解決的問題，是如何處理不完善的大眾運輸網，到過東京自助旅行的遊客一定能夠體會到什麼叫做國際化都市，我們可以從成田或羽田下飛機後，不出機場大樓便可以搭經過樓下的地鐵電車直接到達市中心的百貨公司、住宿飯店的樓下或東京迪斯耐樂園(需換JR千葉線)，只要是熱鬧繁華的地方一定有地鐵站，而且人家處處都有替外國人設想，不管是各種路標，說明告示，就連店家的菜單幾乎都是圖文並茂，我們不用精通日文就可以順利方便的生活。

地方要發展，一定要好好思考如何運用本身的優勢，以國際一流水準來規畫自己。例如金門靠近廈門可以發展成與中國區域經貿往來的門戶，可以規劃的比日本沖繩更富含特殊政治文化的國際觀光都市(至少要以不輸廈門島的發展指標)，大量使用無污染的環保交通工具(以減免稅金當誘因)，當地氣候地形也適合發展太陽能、潮汐(流)及風力(冬季)發電技術、如果能設立能源大學除可留住當地人才，還可吸引本島及其他國家尤其是中國人才，也能創造更多就業機會(金門缺乏高級人才各行業都很難發展)，而政府應當在金門設立以預警及拖延中國武力侵犯的軍事措施，如機動性(車載型)的防空飛彈及中大型船艦攔截系統，台灣除非與中國統一，否則之前絕不可以自廢武功，喪失(或起不了)預警及區域牽制功能。

或者台北縣政府將整個五股地區能夠以國際家具建材做城市的規劃與發展主軸，只要台灣每一縣市都有自己的國際級發展特色，面對中國或全世界的任何變動，只要我們有長遠目標和理想就不會對未來感到擔心害怕，當然我們時時刻刻都要保持高度危機感，這樣我們才能夠做的更完善。

第9章

人口與都市重建

■給彭懷真的一封信

Dear彭大哥您好：

今天(2003/04/13星期天)小弟於您在中廣5L俱樂部節目中提到人口多寡會影響到一個國家的強弱，尤其日本或者台灣都因人口高齡化，出生率降低對國家未來的發展會有所影響。小弟大部分同意，但也很擔心大家只注意到出生「率」下降的問題。

不久前台北市長也在公開場合要市民盡量生產(生育)，只要生產就有獎勵。但台灣適合以總人口(甚至是各種年齡階層)的比例來計算出生率嗎？或許在「地廣人稀」的美國、歐洲適合，但如果以國土的可居住面積來除總人口數來看，台灣的密度可是遠遠超過中國及日本。

如果台灣人口始終以「比率」來思考，已經承受不起的大自然還能夠撐多久？在台灣，光人類這一種動物，就幾乎將其他生活在寶島上的其他(還活著)生物逼往山上，逼到死亡邊緣。

人類出生率要不斷提升，因爲大數人眼中那群被稱爲老年人是沒有生產力？需要有新生人口來養活他們，當新生人口也成變爲老年人的那天，相對需要更多新生人口來支撐，這不是一種惡性循環嗎？反正人類已能超越(不在乎)大自然的定律與限制，不斷地自我膨脹。

小弟很懷疑出生率能達成何種目的？是因爲人口不再膨脹時，有些產業將因此瓦解(如人壽保險)？還是爲了能夠消化生產過剩的各種商品，或者台灣也有如日本那種大規模移民夏威夷、黃金海岸(澳洲)的國力延展計畫，或是參與美國移民火星的夢想？

而人口多，國力就強嗎？奇怪是人口遠多美國的中國及印度也沒比人家強，反倒是過多的人口阻礙了進步，台灣是否也一樣呢？

小弟週遭的親朋好友，只要是結婚三年以上的多半都有小孩，連生三個的也有，如果要配合政府的目標(出生率)，扣除一些非自願無法生小孩，如有遺傳疾病或者移民海外、去美國或其他國家生小孩的，那麼每一對夫妻不知道要生幾個才能達到政府標準？是五個、六個、還是更多？如果要您(或另一半)生這麼多您願意嗎？

之前曾回給新新聞週刊一篇名爲〈林口醫療新市鎮計畫與兩岸交流〉文章做建議，其中「善待我們的土地」一節中提到：「**台灣人口如不控制在接近歐美國家的水準**(人口與適合居住土地面積比)**，台灣所有自然**(土地與動植物)**早晚會被『人類』侵蝕破壞殆盡，到時候談什麼觀光，什麼環保都是自欺欺人，台灣官員還在媒體上無知的鼓勵民衆生育，如果老人會造成年輕人的負擔，爲何不讓老人有生產力呢，前總統李登輝先生年紀一大把，相信他一場演講所賺的錢比你、我一年薪水還多。而且這**

一輩的年輕人幾十年後也會成爲老人，照官員們的人口比例邏輯，那是不是要台灣每一代都倍增人口？如果政府今天不做總人口數的限制，台灣總有一天會在墳場上蓋住宅。」

隔兩天該社顧爾德先生就以「李登輝對老人社會的啓示」來探討我們怎麼面對「老人社會」的來臨，該內容重點有「以目前的國民平均健康狀況以及教育條件來看，他們都還是有能力在其他方面貢獻於經濟、社會。從原有工作退下來的人，不代表他們在其他方面沒有生產力。社會照顧工作，就是他們能貢獻參與的一個明顯領域。從社區的自治管理，學童的教育與照顧，家庭內部的照護管理，或像李登輝曾說的，要到山地傳教。這些工作都是五，六十歲的人可以勝任的。」

「這些工作對社會事實上是很重要的，但整個社會並不重視它，不認爲這些工作具經濟生產性，政府也沒有在制度與政策上鼓勵民衆從事這些工作。爲什麼不在制度上鼓勵退休人員來擔任這些工作？這並不是在剝削老人的『剩餘價値』，祇要社會給他們從事的工作合理的報酬與尊重肯定，這些工作可以讓退休老人在身心條件容許下，過更獨立，有尊嚴與價値的生活。」

「勞動力不足，除了再度提高出生率，沒有其他方法解決嗎？人口過多而資源有限，是地球終極的難題，我們一定要重新回到這個惡性循環嗎？」

「什麼樣的成就動機讓李登輝在65歲之後，還全省走透透？我們社會爲什麼不提供類似的成就動機給其他老人？而要把他們視爲年輕人的負擔，讓他們活得更沒有尊嚴？或許這才是余

政憲這些中央大員該好好思考規畫的。」

小弟因實在擔心台灣的未來發展才於彭兄面前班門弄斧，期望您能不見笑才好，如果您覺得小弟所提的拙見有些道理，以您的地位與聲望應該可以讓一些政府官員能認眞思考台灣的未來，讓它變的更好。

鄭登寶2003-4-13敬筆

■ 總數管理

台灣適合多少人居住？五百萬、一千二百萬、三千萬，說實在的，作者也答不上來，也許政府應該請各領域專家，一同來討論這個我們很少正視的問題。

如果結論是人口太多，我們就應該要有人口精減或外移的計畫？如果人太少那又該如何？我們至少要有個確切的認知，不要只聽到官員要大家增產報國，好壞也說個數字出來，要科學一點，政府還是得要依照人口來規劃分配所有的行政資源，要是全國每個縣市地區都能夠知道這個數目，他們也才知道怎麼去規劃適合的城市，否則大家都矇著頭「瞎幹」這是很糟糕的。

除非人類科技到達完全不影響地球生態而自然運行，或者有能力創造另一個太陽系時，否則，目前世界各國應該嚴格控制人類數量。所以奉勸政府把對下一代的希望，認眞的移轉到那些存在還活著，但被遺忘的一大群平凡人身上，提升他們的各種能力，讓這群人更有知識，讓他們增加更多創造機會，這會比投資新生一代所花的成本及時間更有效果，這種昇級才能眞正讓整個國家脫胎換骨。

■ 規劃新觀

有一回坐計程車從內湖到松山火車站時，看內湖科學園區的房子似乎特別矮，除了靠近民權橋附近最低外(約四樓高)多數大樓都在十層右左，但是一些新蓋大樓卻高出一倍，達二十層以上，作者不解地問司機：「最近，這裡的建築高度限制，是否有放寬？」(附近有松山機場)，而司機似乎也不清楚。

作者指著對面遠處的新地標台北101大樓說道：「**如果台灣多蓋些這種大樓**(超高樓層)**，而且更集中一點就好了。**」

另一旁的司機不問作者爲什麼這麼想，便立即打斷說：「**都市和大樓是不能這樣設計的，資源要分散不能過度集中，建築大樓要考慮附近的交通道路是否可以承受負荷，否則會造成堵車及居民生活品質的降低。**」也許這位司機的思考(認知與價值)，已被傳統理論給僵化定型了，在坐車這麼短的時間也很難說明白，作者當時也只好沉默不語並轉移話題。

那些傳統的都市規劃理論作者不是不懂，而是覺得我們(整個台灣)大多數住宅規劃其實都分散的太廣，政府反而要花費更多的資源來建設。像作者曾有段時間住在陽明山，位置處在陽明公園和竹子湖的中央，從陽明公園後收費亭的小路上來僅有五戶住家，但光這條小路就有好幾座路燈，政府也得鋪柏油，垃圾車得來收垃圾；作者的意思是說，假設政府有個竹子湖整個發展規劃藍圖，哪些地方適合蓋住家，哪些地方可以種作物、開餐廳或民宿經營，分別集中規畫(包括環保設施)，也許連停車問題也考慮進來，規劃更完整的大眾運輸網，哪些地方要徵收或以地換地將當地資源集中，可減少當地的公共建設，降低週圍附近的環境影響破壞，政府也可以減少一些不必要的維護與支出，將多餘的經費用來協助竹子湖發展成具國際水準的觀光區(如瑞士)不是更好嗎？

像台灣，要將全國做污水下水道系統建立起來，建築住宅如分散的太廣工程就會變的很困難，而成本也高出許多。政府財政會考量國家發展的優先順序，自然會把非生產事業的污染防治工程放到最後面，甚至犧牲掉，因爲相關聯城鎮的所有污水(廢水)系統沒做好，所以國家花了不少經費與時間，整治那麼久的淡水河與基隆河，都沒有重大成效(如在台北橋下的淡水河能看見成群鯉魚或鯽魚做指標)，便是這種根本問題(人類污水直接排入河道中)沒解決，病症始終無法去除。

不只這樣，都市建設還得將道路、號誌、通訊、水、電、瓦斯、學校、市區政府、活動中心等諸多公共設施都得配合建設起來，當都市發展過度分散之後，這些設施自然得跟著四處(到處)建設，我們還沒有航空母艦、太空梭，就是因爲政府不當的都市發展(建設)模式，將我們(大家)的資源(稅收)都給分散浪費掉了。

缺乏廣大平坦土地且多山阻隔的台灣，並不適合將人類居住範圍過於分散，政府應當有計畫的儘量集中發展，而不在計畫內的地方(土地)就不要去住人，沒有政府許可，禁止人民在計畫以外的地區私自開發使用，如此才可能避免居民到處破壞大自然。

國內一些有本事的人，退休之後便到山頂、深山、風景秀麗的地方，買了一大片土地(可能是林地或農地)建起了別墅(通常是以農舍名義申請)，透過特殊管道讓政府幫他們掛門牌、鋪柏油路、配電、送水，更有不少利用偏僻鮮少人出入的山谷、溪邊私自蓋起鐵皮(屋)工廠，不少還是高污染產業(如電鍍或化學工廠)。

一段時間後，那些地方就變成了一個小聚落，而小聚落在沒有都市計畫下一個個到處產生，全國民眾得花上百千倍的成本來服務他們，台灣生態就這樣一點一滴，不停地被破壞掉！

都市集中規劃，道路能否承受是個有趣的問題。在東京市區內街道雖然很狹小，但日本人懂得利用便捷大運輸量的地鐵電車來取代私家汽車。在澳洲、韓國甚至是中國大陸廈門，他們所新修建的道路很多是八線十線以上，但台灣許多新闢建的道路卻常是小的可憐，看台北內湖科學園區內的道路就弄得跟小巷弄一般，加上公共交通設施不全、容易塞車，與剛新建成氣派新式現代的辦公大樓，空下來的中庭與人行走道，還比前面的馬路還寬敞而顯得很不搭調。像廈門島是一個比台北市還小的城市，可是他們重要道路的人行道寬度要比台北市的要寬上三至五倍，就連一般建築面積都要大上五至十倍以上，這是都市規劃時的眼光與格局問題。

「集中又大型的超高建築，品質就會不好嗎？」

如果拿中正紀念堂整個公園來比喻(住同樣數量的人口而言)，我們是要一個四處塞滿五層樓房的公寓；還是右左兩棟各高達七、八十層的超高大樓，中間還留有一大片森林公園(有茂密大樹的那種)。如果我們把這個想法把它推展到全國來看，台灣不是就能成爲一個四處都是公園的國家。

日本一些以精緻與科技運用著稱的建設公司(如吹穴建築工務所)，在不大的建築空間可以設計出很好的住宅來，樓下、樓上及右左鄰居之間的噪音隔離，都能有極佳的隔音效果、定時將全屋的空氣更換，將過多的二氧化碳排出，保持室內的空氣新鮮，利用特殊的下凸式樑柱建築工法以增加建築採光等，運用新的建築設計方式，住在超大、超高的住宅大樓裡可以有很好的居住品質。

我們得思考一個基本問題！如果，我們能夠從樓上坐電梯下來，就可以直接到樓下的公司上班(指住家與工作場所很近)，小孩也在樓下的學校讀小學或幼智園，開在地下室的超市就可以買三餐所有的材料與日常用品，那麼資源集中有何不好？

國內就曾有學者提出「**解決傳統的交通問題外，我們能否思考如何減少人們不必要的移動，來降低交通需求**」的論點。

而且網路科技再發達下去，往後我們一星期時間裡，一定會有半數時間在家上班，這種工作方式勢必會成爲未來的工作主流，因爲未來公司採同樣座位空間(指同樣的辦公室大小)，卻可以增加數倍人員出來，也表示以往數千坪辦公室的業務，未來只有兩百坪的公司也能同樣順利運作，企業經營者藉由資訊網路的科技協助，同樣能掌握職員在家工作與公司之間的各種進度與情況作，透過先進的工作與專案進度管理系統，能夠延遲半天甚至一兩個小時之內的任務(或某個人)警告給所屬主管來採取行動。

而對一般上班族也會產生更多收入，因爲領同樣的薪資，減少因出門的諸多開支，相對薪資結餘會增多。如果住家附近就有充足的資源(如餐飲、購物、教育及政府公共建設)，這種凡事不必開車出遠門的生活，不是既省錢又方便嗎？

這不僅能解決道路是否寬敞問題，更能節省我們(及整個社會)各種資源、成本和寶貴時間，政府各項公共設施也能有效規劃，這樣我們還能把更多空間留給大自然和其他生物，而節省下來的資源或經費，可以用在更有意義的價值層面上。

■ 經驗傳承

而政府及建築住宅等公共協會，也得每年發佈各類型建築物的優良建議建築及室內空間設計指標，來供建設公司及買屋者有個參考數據。

這種參考數據與目前政府頒發的金建築或綠色建築獎項有很大不同，因爲除了建商及民眾親自接觸過那些得獎的建築社區之外，傳統建築獎項對一般民眾的實質意義不大。

但如果是一些量化的建議參考數據，例如一般居家住宅的建議參考指標中，曬衣服的陽台有或沒有洗衣機時應當得有多少空間以上，面積大於五十坪以上的熱水及冷氣管道系統如何規劃比較有效又省電，熱水管道加裝阻隔材料可以保溫節能等等，這些參考數據是累積建商、室內設計、科技運用、住戶居住經驗和知識累積而成，也就是依照此標準以上的建築，絕對不會發生以往經常設計不良的建築或空間規劃，因為此指標系統也會記錄、收集各種不良的參考指標，如此台灣的建築相關產業將有另一番發展局面。

■ 區域劃分

另外，我們在都市計畫中經常會分住宅、商業、農林及工業等不同用途的土地區分，在發達的大都市中，住宅區與商業區似乎早已混在一起，有些工業區(如內湖科學園區)內的企業，也與台北市中心商業區內的其他公司沒什麼不同，以前不准在工業區設置像萬客隆這類大賣場還曾造成社會、產業及政府間不小的爭論。

在發達的城市裡，利用傳統地目來區分使用方式，似乎已經意義不大。

其實我們可以用更好、更精確的方式來解決。首先政府可以將所有商業活動的營業各項目，加上各種環境影響(干擾)程度，如公司規模大小、交通運輸需求、耗電量、廢氣、廢水、噪音、災害發生等等，訂出各種指標等級，而且做到很精細的分類。民間不管要在都市哪裡設立公司行業，便可以依該企業的所有營業項目，是否符合該地區許可的範圍指標，才准予設立，因爲政府於該地區，也必須規畫建設相對應的環保(防污)與災難搶救措施才行。

■ 解放空間

不管是台北大都市或者林口那樣的小城鎮，一定要先有都市建設規劃，而且是深思熟慮要發展成什麼樣有國際特色的城鎮都市。

確定方向後，第一步一定先得把該地區有特殊價值的天然地區畫出來，成爲永久自然保護地，這些地方是所有生物共同享有，不光是只有人類才可使，然後其他地方才是人類可以拿來設計規劃的。

作者認爲，只要把需要的人行道，及依大樓高度來計算，棟與棟之間的應有建築物距離得保留多少綠地空間？建商只要將這種面積(空間)空出來，政府對於建築物本身，實在沒有必要訂什麼建蔽率、容積率來限制建築技術的發展，或者說建築物因沒有建蔽率或容積率的限制，房子會規劃的更適合人居住，房價會低一些、外型設計也將更多樣。

更重要是，我們不該浪費每一吋土地空間。即使是一條路上，政府要在那裡要留一片大面積來做公園綠地，應當事前就先規劃出來，大家平均移動或縮窄面積來分擔這個公園，不要讓每一棟(建地)留那麼一點點空地做綠地，那實在沒什麼意義。

只要能在技術及安全確保下，附近沒機場限高或在斷層帶上，建商能蓋多高，政府就該讓他們蓋多高。如果可以，也事先請他們將地鐵捷運出口預留好(減少大家的成本)。

台灣建築，要盡量朝上(高樓層)和下(地下空間)發展與開發，如此我們才能盡量將大自然空間保留下來。

■ 老舊更新

在台北市，還是有很多低於十樓的老舊公寓社區，如果可以，看政府能不能先蓋好給這些改建戶的新大樓，看是以屋易屋的方式交換(給三成的價格優惠，多退少補)或有一定期限的低價租用方式來安置改建戶，政府還得採用許多優惠、獎勵及補助手段(包括房屋出租損失補貼)來鼓勵都市內的老舊大樓改建工程，政府有計畫進行整批的改建更新計畫，而且規模越大越好(指同時將更多老社區一起併進來更新)。

除非是都市規劃內的預定項目，否則我們應該減少甚至停止那些以農林山坡變更的新社區建築開發案件，改以推動全國性的舊社區改建計畫。

另外也可思考增加一種新的不動產產權制度，將房屋和土地分開。土地屬公司法人(或政府)所有，建設公司向土地公司提出建設規劃同意後開始興建，地上建築物採年限制如六十或一百五十年，時間到所有權利歸還土地公司，到期後公司可視狀況改建或怎麼都可以。住戶只買房屋使用年限，房屋也可以自由買賣貸款，每月房屋所有人得付土地公司租金(土地公司的收入來源)，金額應不超過管理費二分之一或更低(金額通常在興建

時就訂好的金額)，土地稅自然由土地公司自付(政府針對此運用土地採低課稅鼓勵政策)，政府也會訂定相關法令來保障所有人應有權益。當建商完全不必負擔土地成本時，房屋成本可以大大降低，而這種制度對於日後更新、大規模改建也比較容易，也許土地公司或其他公司將其買下出租也會有利潤，尤其是在銀行存款沒利息的時代。相同的，當國宅只租不售，也能達到相同的效果。

第10章
軟體暨通信產業政策

■ 深入不夠

2003年7月的中下旬，作者特地回國參加由資訊軟體協會及某週刊舉辦協辦的「**台灣軟體產業高峰論壇，軟體新時代的關鍵對話**」的講座。

三個小時下來，聽了幾位主持人對國內軟體發展困境所敘述，及要提供給政府的建言，其內容深度令作者感到他們不少人對軟體設計工作並不是很深入了解。雖然會中的代表有來自資策會、軟協及大學校長。但也許有些人年紀大到早與軟體研發、軟體工程、領導軟體設計師等前線工作脫節，所以某來賓會說南港軟體科學園區是全國指標性的軟體科學園區，認爲餐廳菜色不錯、環境很漂亮，這樣就是軟體科學園區是否具競爭優勢的指標。

也許是會中很多是從事文化或金融投資界的，而不是眞正軟體研發公司的緣故，論壇重點缺少軟體設計及如何組織運作的核心。

講座結束前有個二十分鐘的Q&A時間。本想提三個問題，讓台上的來賓及同行企業老闆們思考思考，但因貴賓們一開口就停不下來，光回答前二人提問，時間就全用完而作罷，只好在此重申這三個問題，因爲這是台灣無法發展軟體產業的基本常識和關鍵。

■ 軟體認知

第一點，我們對軟體認知爲何？

像光碟機的驅動程式，錄放影機的預約錄影，洗衣機的洗滌程序，捷運或國防飛彈控制系統算不算？

捷運或飛彈控制，對程式設計師而言都是可以透過程式來控制操作，對程式設計師來說只要熟練組合、C或C++這種比較低階的程式語言，也能夠從商業軟體工具轉到韌體(直接控制硬體機械設備程序電路的東西)、工業自動化控制、甚至是更複雜的軍事或航太工業領域去，如果有一定程度的數理基礎，這些工作領域對程式人員都是一樣的。

軟體產業包含的範圍很廣。例如光碟機除了用零件組成一部摸得到的機器實體外，如果缺了韌體驅動程式它是動不了的。而它的電路板、外觀也得透過電腦軟體的設計才做的出來。如今一部好看的電影畫面，有一大半是用電腦特效軟體做出來的，沒有了它，現今電影恐將完全失色。就連手機、隨身聽、電視、汽車、大眾捷運系統、人造衛星、飛彈、太空梭都需要軟體來控制，它也許是以晶片的形態出現(邏輯程式燒在晶片裡)，至於其他一些我們經常接觸到的商業與財會管理軟體，Office文書工具或美工繪圖軟體就更不用說了，軟體的威力是無所不在的。

我們對軟體的認知，是否只是幫政府或公司架個網站、文件流程E化、商業進銷存或ERP、電腦遊戲、幼教光碟軟體，而這些就是所謂的軟體產業嗎？

■ 提早開始

第二點，我們軟體相關教育是否能從大學往前推至高中，甚至是國三國二就得開始！

其實眞正在Coding(程式設計)的程式設計師，通常三十歲以後至少就要爬到基層的分析及管理位置上。過了這個年齡以後，體力及各種條件狀況(如薪資及家庭因素)都不太容易擔任最基層工作。

但程式設計及管理工作，並不是一般公司派個主管到某個學校進修二個月，學習如企管概論就可以讓組織順利運作，如果該公司是眞從事軟體設計研發工作，那該管理主管是無法適任工作的，因為這一層管理工作只是不做實際的Coding(程式設計)打字，但他們要能夠將Coding(程式設計)細節規格的「僞碼」給詳列出來，再由底層人員將完整的程式碼給打出來(打字)，沒有足夠的編程、數理和經驗基礎是無法擔任此工作。

通常軟體公司內的中高階技術經理，或主管也必須經歷這些過程，當具備足夠的經驗和管理能力才有機會爬上來，如果公司要參照CMM模式(軟體能力成熟度)運作，上述只是基本要求，眞要推動完整的CMM模式時，其組織與運作方式可就複雜的多。

而台灣諸多軟體公司多以軟體的貿易行銷起家爲主，國內自稱爲軟體公司的企業老闆、甚至是高階主管對Coding(程式設計)工作，很多是一無所知，很多基本電腦操作也只是達到低水準程度，根本別提他們軟體產品怎麼進軍國際，因爲老闆常連自己家生產的軟體也不會使用。我們看那些眞正成功的軟體公司，有實力、有品牌能進軍國際市場的企業，老板絕大多數是眞正技術出身的，像微軟、友立就是例子。

而爲何從高中，甚至是國三國二就開始？

其實在美國很多高中生，還沒畢業寫出來的軟體就比我們碩士要強很多，到大學才讓我們學生投入(指有完整的環境和系統)那實在太晚了。像作者三歲半的兒子現在就會自己開機玩幼教光碟、上美國迪士尼網站玩遊戲，結束後還自己關機，小孩子摸一摸自己就會了，印象中作者也只教他一兩次，所以關鍵是我們(大人)有沒有提供他們(小孩們)學習和成長的環境和機會，那群搞教育的官僚們要好好思考，千萬不要自以爲是，自己不會就覺得很難，認爲別人也學不來。

就作者個人的經驗，一個剛畢業的程式設計師(上大學才學習而言)至少在軟體設計公司得待上二年，經過不間斷的Coding(程式設計)才能成爲一個成熟設計師(稱爲有經驗)，像比較難的C或C++程式語言，有時得三年以上，才能做出一個像樣且完整、有商業價值的產品來。如果我們的設計師都從二十二歲大學畢業才開始算起，加上二年當兵到他能用的時候已經二十七、八快三十歲，說眞的那已經快沒實用的價值了。

當然，不是所有從事軟體業都非得Coding(程式設計)出身不可，像比爾蓋茲的經營與行銷能力，遠比他的VB程式設計來的出色，如果我們學生在國中、高中階段Coding(程式設計)之後，覺得自己也跟比爾有相同特質，那他在大學階段還可以有足夠時間來調整方向，如果等大學或碩士畢業才知道自己的興趣在別處時，那就眞的太晚了。

美國是學生依照自己的興趣來選擇學校科系，台灣是用考試分數(因爲只考那幾科，所以與其無關的技能專長全都丟棄一邊)來決定學校科系，進到學校科系再來培養興趣，這一比較，便知道我們的軟體產業，爲何遠遠落後歐美及其他許多國家的主要原因。

國際策略

第三點，我們軟體產業的國際策略爲何？

我們軟體產業在國際競爭下的策略爲何？我們要不要把對手中國的人才挖過來？還是業者只是想從自己政府身上撈油水？從與會有些來賓的說詞中，一直對中國有過於樂觀與不正確的認知，作者猜想這包括政府及民間所獲取的資訊情報不充足有些關連吧！

其中重要的錯誤認知有「**中國軟體產業落後台灣五至六年**」，「**台灣有能力協助中國軟體產業發展並共享市場**」這兩大點，作者藉日本人(產經新聞)在中國的發展情況，來讓大家清楚中國軟體發展能力與實際狀況。

在日本IT業界，不少人持有這樣的觀點：「中國軟體技術人員的水平還差得很遠」，「即使有技術，但由於日語水平較低，再加上不瞭解日本的業務，因此無法使用。」但是，從1980年年底日本IT企業開始在中國建立開發基地到90年代，情況已經發生了明顯的變化。這是因爲中國政府對軟體產業的扶持政策正在逐漸收效，軟體開發的技術水平也確確實實地在不斷地提高。

中日合資目前有員工4,600人的東軟集團，與世界最大的手機廠商芬蘭諾基亞、美國甲骨文、美國摩托羅拉、東芝等公司或成立合資公司或開展業務合作，並於全中國建立基地並快速增長。在中國參與了通信、電力、金融、保險、政府及自治團體等，幾乎涵蓋中國所有信息系統和軟體業務，客戶還包括中國聯通及中國移動通信。

東軟在中國設立時就明白：「爲了發展客戶，滿足其需求並且提供全面的售後服務，就必須在客戶的身邊配備經營隊伍和技術隊伍。」其主管表示：「中國之大遠超出我們的想像，這也正是我們面臨的最大考驗。之所以這麼說，是因爲中國國內市場就十分巨大，中國企業不走國際化道路，只依靠內需也完全可以生存下去，實際上這種狀況是十分危險的。網絡社會實現之後，中國企業也將融入世界之中，中國國內市場實質上已成爲國際市場的一部分。」

歐美日軟體公司爲中國廉價的人工費所吸引，這十年裡已開始全力與中國的相關企業展開合作，將開發業務轉包給中國企業，中國軟體公司積累了中國製造業的經驗，技術力量顯著提高，產品設計方面也具備了衝擊世界市場的實力並在中國旺盛的IT(信息技術)投資需求的基礎上，實現了高速增長。

中國軟體行業技術人員不斷跳槽，人才的流動將會提高中國軟體產業的整體技術實力，讓人覺得頭痛的是優秀的中國技術人員去了日本。「有了日本企業，中國技術人員在領取高薪的同時，還可以學習技術和業務技能」，日本IT企業越是向中國轉移，中國的軟體開發能力就越可以提升。

目前，這些中國企業正在迅速向海外市場挺進，另一方面，甲骨文、微軟、SAP、以及Baan等歐美企業不但鞏固他們在中國市場的地位，同時還強化了中國作爲軟體產品研究開發基地的功能。加上中國政府對軟體企業的扶持政策和中國人的好學進取，中國軟體業界將會得到更大的發展。在中國國內市場可以得到世界上最大的內需的支持，在海外市場則擁有全球第一的成本競爭優勢，因此中國軟體產業的未來前景光明。可以預見，中國軟體產業席捲全球的日子不會太遠。

日本軟體產業，隨著外流的不斷加劇，成本競爭更加激烈，因此必將益發疲於奔命。原本厚望中國市場上，建立低成本體制的同時還準備開拓中國市場的日資軟體公司認為「既沒有太大的需求，而且單價又較低，因此面向中國企業的系統集成無利可圖」，因此目前進軍中國市場的日資企業也只是在零零星星地開展系統集成業務，日本軟體企業沒有具備競爭力的軟體產品和服務。因此「在日本還在茫然失措的時候，聰明的中國就

將超越日本」。

某些來賓們認為「**中國軟體產業落後台灣五至六年**」，那可能是台商自己在中國所創立的小公司拿來做比較，中美、中德、中日等合資的軟體公司論規模、技術，遠超過他們的所有認知，今年中國大學畢業生就高達二百萬人，一年培育出來的資訊人才至少是台灣十倍以上，世界各國一流的軟體公司幾乎都在中國設立研發中心，而在台灣僅僅是設置行銷中心，兩者之差不言而喻。

像上海一些中日合資的多媒體公司，員工人數大多從三四千人開始起跳，除了薪資外實在不知道台灣軟體，有那裡可以超越中國五至六年？

如果我們一直強調虛幻空洞不實的「華文市場」與「同文同種」優勢將造成商業上的無知，中國使用簡體，許多不同的繁體字在簡體都合併成一個，而且許多用詞與各種專業術語幾乎不同，說兩岸之間同文有點不切實際。

當眞到中國投資後，中國誰跟你講這個。我們到那裡設公司，人家表明就是要資金和技術，如果自己企業集團沒實力，投資金額沒有千萬美金以上，別說當地政府也許連員工都不鳥你，跟中國人談「華文市場」與「同文同種」，算了吧，人家要的是像台積電、仁寶這種國際級、年營業額超過上百億的企業，台灣沒有這樣的軟體公司，他們也會去吸引其他國家有條件的企業來投資，沒錢你什麼都不是。

中國的軟體市場，除了政府及企業單位比較有正版軟體的觀念外，別妄想中國的民生市場有多好做。那邊的電腦軟體一片一律人民幣五元，在一般唱片行內就可以買到各式各樣的盜版軟體。日本在中國發展的軟體公司就常表示：「**產品剛剛面市，價格僅幾分之一的假冒產品馬上充斥市場，正品被擠壓出局的現象屢見不鮮。即使沒有假冒問題，中國的價格戰也非常殘酷，回收資金相當困難。**」

而中國政府及企業單位除了國家本身扶植的項目外，他們一向喜好與中外合資企業打交道，尤其是一些比較有實力、有本事的國際大型企業(如美國與日本企業)，我們要靠民族情感是沒機會眞正打進中國市場。

例如我們非強迫性地要中國員工使用台灣著名的軟體工具，如趨勢、友立等軟體時，他們說：「**台灣軟體沒中國或美國好。**」根本不裝。所以我們不要再做什麼「華文共同市場」的白日夢了，務實面對我們本身有沒有「**實力**」的問題吧。

■ 經濟核心

軟體產業有低耗能、少原料(多爲腦力)，低污染(設備使用後淘汰除外)，高報酬(如微軟)的特色，操作者須有一定的專業知識與技能(如設計電晶體要有電子學及操作設計軟體的能力)，軟體產業的工作方式也較多元化(例如可以在家透過電腦網路完成)，與其他行業相比則需要較多的思考與創意，而這種價值就不是那個國家可以控制得了的。

連污染嚴重的半導體，政府都極力挽留在國內發展。作者無法理解像軟體這種少耗能、低污染、高報酬、涵蓋面極廣的好產業，非得到中國發展才行？況且美日不斷將印度及中國最頂尖程式人才，挖回自己的國家放在總部，我們去中國投資軟體究竟是投資什麼，對台灣產業實質幫助和長期發展又是什麼？而且需要大量能源和高污染的半導體製造業，需要低廉且龐大人力的資訊產品組裝業，能夠抵抗中國大陸多久。

讀者可能會質疑說：**「那你們還不是到中國去了」**？

作者為何到中國發展呢？因為我們政府不大重視軟體產業(與半導體產業相比)，台灣的高階程式設計人才老早就跑去中國開天闢地。一年半前作者招聘能夠撰寫C++程式的人員(高階程式設計師)，長達半年時間來只來了一堆VB、MIS甚至是做網頁的，即使會C++也只是皮毛(測驗都沒超過十分)，有能力的要自己接案子死都不願來公司上班。半年時間還是招不齊程式人員，作者得承受上面的壓力，總不能在這樣耗下去，而且外國(加拿大、澳洲、中國)都有國家級的重點產業協助，人才、企業、資金都往那些地方流動，公司要生存，總不能在沒政策的國內呆坐，空等政府N年後訂好政策才來開發軟體吧！

台灣有很優秀國際級的科技資訊人才，但像樣的軟體公司只有少數幾家而已，沒有國際級的軟體發展環境導致他們外走。如果台灣軟體能像硬體一樣有專屬的科技園區、有優惠政策、充足(吸收)的國際人才(高低身價都有，尤其是中國人才挖來台灣貢獻)、有良好的教育制度配合，台灣軟體產業還是可以發展起來，我們也會馬上回來支持，如此台灣資訊人才一集中，這樣最重要的關鍵「人」便掌握了。

台灣要進入眞正資訊化社會，沒有自主性的軟體技術(產業)是很難成行的，也會被其他國家以其軟體控制，這點是很重要的關鍵。

假設微軟依照本書第四部所要發展的方向，將企業調整以資訊內容做服務時，那一個能操控一整個國家資源，並跨國界的超級公司將很快誕生。假設微軟的視窗作業系統及Office文書處理軟體都免費(或者很低價)時，一些伺服器功能還與作業系統整合在一起，那些什麼企鵝(Linux)、蘋果、甲骨文的軟體將一家家緊接著倒閉，一種前所未有的企業及商業服務模式將席捲全球，世界社會將進入眞正全面資訊化，人類發展也眞正進入國際全球化時代，比爾蓋茲的權力(影響力)將不輸美國(或任何一個國家)總統，財富將以數千萬倍增加(如果它的作業系統不再經常當掉的話)！

■ 價值魔幻

另一個重要觀念作者想告訴讀者們。關於網路遊戲的價值，像韓國打打殺殺的虛幻網路遊戲有何價值？還記得以前振振有詞的網咖業者們，要政府如何支持網路遊戲，慷慨激昂批評的樣子，忘了嗎？

作者實在不知道那種比賽冠軍，有什麼值得我們好慶祝的？

那種東西長遠來看帶給我們青年一代什麼價值？講難聽一

點，那是在消耗我們整個國家國力和網路資源，消磨年青人的生命，讓他們活在虛幻不實的魔法奇幻世界裡，忘記「人」應該去探索我們還不知道的眞實世界，去發現前所未有的自然物理現象，減少人類進步及發明新科技的機會。

如果韓國一直下去，總有一天他們會先自食惡果，那絕不是遊戲廠商把賺來的錢，乘上百倍就能賠的回來。

而它(網路遊戲)爲何會受到歡迎，爲什麼？因爲新一代的「**心靈空虛**」、想找「**發洩**」、能「**扮演成功偉大的角色**」、有管道可以「**結交朋友**」(包含異性)、「**有談話聊天的對象**」。當我們掌握這些元素後，很容易設計出較正面遊戲，或者不同表現形式的軟體來，發展軟體的廠商要有原創性(獨創)，發揮創造力來做有意義的產品，玩那些喪志遊戲的人一段時間後，也會轉而找尋有意義的事務，只要這個系統能具備那些元素，而且是正面性的，我們很快就可吸引過來，就算是打打殺殺(戰爭)的東西，我們也可以從軍事、歷史的角度，將知識或有意義的東西帶到裡面去，而且這些東西在眞實世界是存在的。

■ 政策建議

立委林濁水曾鼓吹要台灣發展軟體產業，身爲業內人的作者，應該可以發表微不足道的看法與建議。除了上述三點，再多點補充：

一、與時代產業同步

除軟體相關教育往下延伸向前推外，政府還要鼓勵大學設立軟體設計學院，也要能與各種產業配合，例如以前曾在某大學上VB課程，產業市場已用6.0老師還在教3.0，時空至少差了三年。

二、大量吸收中國軟體人才

有充沛又價廉的人力資源才能形成國際級產業。

其實不只是中國，目標應該是全球的人才，而且人才的定義不一定是要是那種頂尖優秀，因爲那種人很稀少通常也不會來台灣發展，尤其是台灣這個產業才要發展的初期，標準訂的太高，產業會發展不出來。

像澳洲及加拿大只要具備大學資訊科系畢業，或專科以上有MCSE認證(微軟軟體工程師認證)就可以申請該國移民。移民或許我們政府做不到，但讓他們來工作至少做得到吧，我們連低知識型的外國勞工都可以進口了，能夠提升國家軟體產業水準及國際能力的資訊人才更沒有理由不開放，雖然國內有些大企業(如神通集團)，有足夠能力直接向印度一次挖上百位技術人才過來，但畢竟這種公司在國內僅佔少數幾家，大部份企業還是得靠政府政策的協助，才能解決人才不足的問題。

中國中國一年至少培養上萬名軟體相關研發設計人員，台灣如不把前1/10的人(競爭對手)挖來，我們在人力資源就輸給中國，況且我們目前也只有中國能挖得動，日本及其他先進國家也都在積極挖中國軟體人才，一旦我們人才挖輸了，也就代表台灣這個產業輸了，像作者就蠻希望中國同事能到台灣上班，直接與行銷部門面對面討論及培養國內新人。

別忘記這是一個十足國際競爭的事業，人才、成本、規模、技術、管理都是關鍵！

三、建立大型軟體設計公司

台灣的軟體設計公司通常超過100人就算是中大型了(設計師可能只有20%)，但是中國上海一些中日合資的軟體設計公司動輒三、四千人起跳，我們能想像嗎？一些印度軟體設計公司還更大，有上萬人規模。

爲何要大？因爲他不會像半導體會產生污染(如有毒的氣體與液體)嗎？哈哈…，那是因爲這種大型國際級的軟體開發設計公司，才有能夠承接各種案子(例如大到國防系統，小至DVD播放軟體)。在這種大公司內通常建立完美的管理運作機制，如CMMLevel5(軟體能力成熟度5級)。

在此系統下再複雜的任務被分割成一個個簡單的小單元，然後分工給組織內各種不同相關人員執行，每個人依據所賦予的職務(任務)進行，**「過程中每個步驟、想法、程式都被完整記錄下，工作中即使有人離職，任何新人都可馬上接手」**，而且所有資源(程式)都能重複使用，可以節省許多成本與時效。這種管理運作機制如沒有一定規模(組織)以上根本做不到，也不符合成本。

在台灣的小型軟體開發公司，只要是重要程式設計師離職，通常這個計畫就會泡湯(失敗)，但如果是上述那種大公司，程式設計師離職對他們一點影響也沒有，因爲在那裡寫程式的是薪資最少又最底層的，印度幾乎都是高中生在做。

這還有一個好處是保障客戶機密。除非是專案的總負責人，否則程式設計師根本不知道他們寫的程式是什麼，如果是關於國家機密的東西，就不怕被底層人員洩漏。

不過眞正的重點是高效率。像我們部門所規劃的產品(分成好幾代)，估計全部開發完畢約需一年半以上(分成好幾代是因爲一下子無法做到所有的功能)，但如果給這種大型企業開發，只要確認需求後，半年多後你要的東西(所有功能的)就能熱騰騰呈現在你面前，而且產品還通過各種測試…，當然所費不貲(指廠商很賺錢的)，如果像台灣極重視時效性電子產品，其相關的軟體(或驅動程式)就需要這種專業公司提供服務。

四、建立完整軟體科技園區

作者曾經在南港軟體園區工作一段時間。雖然它有提供隨時不斷電的電源插座(一般插座旁都有一個)、高架地板、刷卡門禁等，除此之外，都與一般商業大樓無異，那些只能算是現代辦公大樓應具備的基本設施而已。像它的網路就還要走銅線，而且價格昂貴，整個機能也不完善(如大眾交通運輸、學校資源配置)這些都與理想的專門園區還差一大段距離。

理想的軟體設計專門園區至少要有下述幾點：

1.園區內要有軟體專門大學或學院

電腦技術不斷更新，程式人員需要有學習與交流的場所，雖然有些專業公司提供不錯的課程，但價格常高的令人卻步(如高達十幾二十萬)，有時距離較遠者，時間都浪費在車程上(通常是下班塞車時間)。

所以完美的軟體科技園區內應該要有個軟體專門大學或學院，如此可以降低企業與員工(從業人員)的學習成本，園區內的企業也有較充足人力資源提供，學校與企業可分攤一些昂貴設施(例如大型會議或展示場所，超級電腦或專門研究室，由政府先出錢購買再由企業付費使用)，學校裡面如有開高階主管課程，企業主不用跑來跑去就可以分享彼此情報，還有學校發給的學習證書，只要園區設計到讓人來就不想走(包括外國企業)，就是成功了。

2. 要有便宜且超大頻寬

寬頻是電腦資訊產業最重要的基礎建設，除了要有超大頻寬，價格還要像自來水一樣便宜。政府對該園區的頻寬與價格要有特別優惠政策，像這種產業幾乎依賴電腦網路運作，如果公司規模龐大，部門遍及各地那就更需要透過網路協同運作，如果頻寬不足，這些企業馬上產生問題。

例如我們部門三個主管要透過網路進行產品RD會議，作者在台灣，其他兩人分別在上海及廈門。開會前我們會啓動彼此攝影機畫面、對話語音、桌面分享控制、點對點檔案傳輸、電子白板等功能軟體，並連上進行中的專案共用資料庫伺服器‧‧‧，如果只是視訊會議(畫面320*240每秒10張以上，高音質聲)，一個人所需頻寬就要300K以上(中級品質)，桌面分享控制時傳送的桌面畫面如爲全彩1024*768稍微順暢大小也要300K，如果過程中要傳輸檔案、連上資料庫、上其他網站、收電子郵件(E-MAIL)‧‧‧等，一個人至少要有2M以上，這種三個人同時

(同步)傳送就需要6M，如果公司同時有上百人進行這樣的工作，沒有足夠的頻寬將會如何，對方說完一句話另一個人可能要10多秒後才收到這句話···，一個300MB檔案(如產品程式，介紹影片或要印刷品質的圖檔)恐怕要傳一整個晚上，那還能玩什麼(像某電信對企業推雙向512K，在先進資訊應用產業的眼裡叫做玩具、落後、阻礙進步···)，如果每個公司間都能用Gb以上網路與ISP(設於園區中心)連接(園區連外頻寬要更大才行)，而且價格要很便宜(萬元以下)，一種全新企業運作方式將在此產生。

3. 要有住宅區規劃

爲何要有住宅區域的設計，因爲從事軟體程式設計的人員工作時間較不一定(彈性)，有人喜歡半夜工作，較不願意外出(如逛街)的特點，如果園區有規劃住宅區(可以由公司購買給員工居住，或員工直接向園區租住或有其他方式)，徒步十至二十分鐘就可以到達，就像竹科一樣，只不過面積不用那麼大，不過居住生活的機能要完備，要考慮居住者還有家屬的重要需求。

如果政府能夠將軟體產業視爲國家未來發展重點(其實我們不做也不行)。要是台灣沒有爲半導體電子產業發展而準備的竹科，台灣電子業就沒有今天世界第一的地位。同理，台灣要想有世界第一的軟體產業，就該有一個專爲其規劃的園區，而且要規劃成爲世界第一，讓國際其他軟體企業也來進駐設立RD中心。

■ 一封來信

-----OriginalMessage-----

From：Maggie

Sent：Wednesday，March26，2003 9：26AM

Subject：Fw：寬頻業者削價競爭，網友受惠撿便宜！

哈囉~好久不見囉！上次看到報導說寬頻又降價了！

就把我原本的ADSL給換成這家的了！

眞的是給他有夠快喔，一首MP3不用30秒就OK了！

轉寄給你看看。

寬頻業者削價競爭，網友受惠撿便宜！

記者黃淑娟／綜合報導

電信業者降價促銷價格戰又開打了！目前業界三大主流中華電信、東森寬頻與Giga超媒體爲了增加寬頻服務量，大舉調降上網費用，正是升級爲寬頻網路的好時機，可趁此時大撿便宜！XX寬頻服務：

■ 回信

Subject：降價多少？寬頻又有多寬？

Dear Maggie

這兩年來說，看台灣的電信業者根本沒長進，什麼64K便宜，企業最佳雙向512K，飆網用下傳T1上載384K。和我目前所使用的20Mbps網路頻寬相比(有需要時還可以改成100Mbps)，那些廣告詞還眞是笑話，那種也叫寬頻？

目前我這裡是100Mbps光纖拉到樓下(B1)的小機櫃(約100*80*60cm，掛在樓梯旁)，裡面有兩個機櫃型的光纖路由24Port交換器，一台小型UPS(不斷電)及四條由ISP拉進來的光纖(兩條做備援用)線，從樓下機櫃以CAT 5的網路線直接拉到客廳，一棟各有一個機櫃，每棟有12樓每層有四戶，本社區一共有16棟。

你可能會想我是住在台北市哪個寬頻社區，一個月的資訊及線路費一定要好幾萬以上。錯！我現在在中國的廈門市海邊，廈門國際會展中心對面的明發國際新城，ISP網路服務提供者是「長城寬帶」，這家公司只收一種通訊費用，沒有分什麼資訊或線路費，雙向20Mbps的網路速率，一個月只收人民幣150元(約新台幣620元)而已，如果需要固定IP，每個月也只要另加100元人民幣即可，下載一首MP3不用30秒的十分之一，也就是3、4秒一首MP3就能下載完畢。

不要說韓國、日本、新加坡早有100Mbps光纖網路到家服務(產品)，讀者能想像中國是一個比台灣落後10年的地方(比喻)，平均所得只有我們的六分之一至十分之一之間，他們都做到了，那台灣呢？

最近回來問了一下某H開頭的電信業者，僅3Mbps(上傳只有512kbps)速率的非對稱資訊線路(ADSL)，每月電路費得付一千多塊，而資訊費竟然高達二萬元(有固定網路地址的固定IP)，作者當場愣在該業者的業務門市點，價格貴到舌頭打結而說不出話來，只能頻頻搖頭感嘆。

作者在回公司的路上想著：「整個台灣的網路資源，幾乎都被該家業者所掌控，但該業者並沒有了解資訊化社會來臨而有所轉變，包括與其共生的ISP業者。政府一但全面開放電信市場，讓國內外業者都可以經營該業者的所有業務，該業者恐將於三至五年(當競爭業者開始對外經營時算起)內倒閉，因為競爭對手只需該公司三分之一的人力，就可做到該業者的所有業務及服務，而且這些企業會因應以後通話(打電話)趨勢，因網際網路的關係，往後電話將不在區分「市內」、「長途」或是「國際」電話，而且可能一個月只收固定費用，如同第四台(有線電視)那種固定月租費一般，而他們會利用各種新增加的電子商務、電腦資訊技術及數位內容等服務上，獲得比單純語音通話市場上更大利益，但作者最不樂見的是，那家電信公司最早卻是由我們的辛苦工作所繳納的稅金所打造出來的，它卻像一隻恐龍，在現有的保護下依舊反應遲鈍，國民依然支持他的存在(指無條件接受高昂費用來確保他的獲利與成長)，也許真正開放時代來臨時(政府不干預市場或另籌組公司)，這頭恐龍將被淘汰出局」。

據說，目前同樣一公尺長度的光纖還比甘蔗要便宜，中國民眾都在使用了，難道我們台灣人買不起嗎？更好笑是台灣竟然還是光纖製造大國，政府這幾年到底在忙什麼？

別人已經跑了幾百公里，我們(政府)卻還在原地踏步，由此便可得知台灣經濟為何嚴重衰退！猜想，可能是我們大頭不大會用電腦的緣故，也因此不知電腦、電腦軟體及網際網路(資訊、數位產業)要發達的重要關鍵就是「頻寬」。如果是由我們這一代(受電腦資訊洗禮)的年輕人當國家領導，第一步就是把網路費用降到全球最低的水準，政府應該想辦法讓業者成本降到最低。如線路建設費用由國家負擔並完全開放競爭，像第三代或以後的第四代電信執照，就應該低價地發出起碼發個二三十張(頻道分配亦同)，誰都知道有實力有本事的才做的下去，才不會有些公司只會透過政治關係靠轉賣執照賺錢。

像上世紀國力強弱是看「識字率」及「教育程度」，而這個新世紀將是資訊、數位產業發展及運用程度、頻寬多寡所決定(ps.教育程度還是很重要)。如果台灣(領導者)想讓經濟發展(尤其考慮要與中國競爭或分工時)，想追平或超越日、韓與歐洲先進國家，就應該好好思考未來格局。否則，目前政府推動「數位內容」的產業發展，根本就是「路上行舟」，缺了最關鍵的水(頻寬)哪裡動得了！

新加坡爲了自己能成爲世界第一，推動新加坡NO.1計畫(意指該國有強烈欲望讓某些領域或產業成爲世界第一)，我們政府爲何不能讓台灣，也有一些讓全國人民共同追求，並激起熱情參與的台灣NO.1計畫，國家有了這種明確目標計畫時，還怕反對黨不配合？當人民自己有願景期望與目標追求時(這種願景不是總統自己一個人的那種夢想)，痛苦就自然消失。

資訊數位產業要發達，頻寬及網路費用都是關鍵，以後50首MP3不用30秒就下載OK(完畢)，這才是「眞的有夠快」喔！

第11章 能源發展

■ 核四爭議

政黨輪替之前，曾有部長級的官員說：「**核電廠，比一瓶啤酒更安全？**」

反對核電的環保團體對此批評為「**沒知識，也總該有常識**」。的確，那種講法實在是太離譜了。

從政黨輪替後到現在「核四」的爭議就從未停過，原本宣布停建後不到半年又復工，反而使得這個爭議更加嚴重，然而這個「爭議」其實才是造成國內經濟不前的主因，而早超過「電」的本身是否足夠(供、需)的問題。

台灣經濟成長停滯，要電又要發展應該怎麼辦？最好的方式就是開放市場自由競爭。我們除了政府和軍隊外沒有什麼不能能開放競爭的，公共性事業也得依照法規(或訂立一些特殊規範)來運作，有什麼好擔心開放後的不良影響。

像日本的電力市場也是開放後一下子就出現如東京、東北、關西、鑽石、eREX、新日鐵等十多家電力公司，而且價格馬上降低百分之七點二，業者們也可以跨區供電(如果家裡裝兩套系統，什麼時段便宜就用那家，而且也不怕停電)，而政府不花一毛錢還是照常課稅賺錢，人民有更充足的電力供應，價格也更低，讓他們(業者)自由競爭不是更好嗎！

貢寮當地居民表示，他們「**反核，但不反電**」。如果改成火力、太陽能、風力、潮汐等其他發電方式，他們都可以接受。台塑集團指出他們正在興建七座獨立合計四百廿萬瓩的發電廠(IPP)可以比核四多出一百五十萬瓩(核四總裝置容量二百七十萬瓩)，政府根本不用花任何一毛錢來蓋核電廠。據經濟部長林信義在媒體表示：「台電坦承隨著物價波動，至少需再投入二千多億元，不過依照核一、核二、核三建廠的經驗推估，核四完成的總經費可能高達四千多億元。」

其實台灣立委們如有科學家精神或具備長遠眼光時，就應當讓民間自己去蓋電廠，如果有民間要蓋核電廠，那麼廠商得自己解決核廢料的問題，不用政府大傷腦筋(事先得讓業者知道，政府是絕對不幫這種忙的)。

要是將四千多億或一千七百億拿來研究「**核融合**」(核聚變)技術，這麼多的經費一定能有些成果出來，如果可以和歐美先進國家，甚至是日本及中國一起研發該技術，我們也可以創造能源產業的發展契機。

說實話，我們在傳統核分裂發電技術或產業已經沒有任何立足之地，加上台灣沒有大沙漠及數公里平方大的花崗石岩盤來當儲存核廢料的放置場，核四在台灣完全沒有存在的必要與條件。

如果眞是缺電(需求)，政府只要開放產業經營限制，大家就會馬上知道，世界上根本不存在電力供應不足的問題，能賺錢

(有市場需求)的行業自然有人出來投資(供應者出現)，「缺電」是台灣特權保護的唯一供應者「自己在說的」。

■ 開放發展

曾有某位「藍」系立委(有能源博士的頭銜)在媒體上說：「**台灣應該要發展各式各樣的能源**。」結果講了老半天，他所謂各式各樣的能源，就是核能電廠一種。

該立委說：**「因爲煤、石油的存量僅一個禮拜，要是一有嚴重颱風或中共封鎖台灣海峽立刻會有缺電危險，什麼水力、風力、潮汐都不實用，所以核四一定要蓋。」**

台灣也就是長期被某些人或團體的利益誤導下，導致其它能源科技無法規模化的發展，也沒有研究改進的機會。

以日本「風力發電」爲例。以往風力發電設備最少要在每秒三公尺（3m/s)以上的風速才可發電，但日本年平均風速卻只在每秒四公尺左右，因此傳統風力發電很容易就停擺，爲此他們就研發出每秒兩公尺(2m/s)的風力就可以發電的技術，而且使用轉換效能可達35%以上的無方向性、垂直型戴里歐發電機，而且該產品已經商業化。而國外還有「微風」就可以發電的專利技術。

又如「太陽能」。我們叫的出名字的日本大企業，如日立、松下、本田、鈴本、山葉、Sharp、三洋電機、三菱電機、旭硝子、京瓷、神戶製鋼等等，幾乎都設有專門研究太陽能的事業部門，而且早有能力供應大型企業用戶及一整個社區電力的技術與整套設備系統。而日本政府也鼓勵民眾，在自家屋頂裝設天然發電系統(如太陽能，風力等)來減輕電廠的負擔。

而國外從「**潮汐發電**」的經驗，又陸續研發出「**波力**」、「**潮流**」、「**溫差**」、「**鹽濃度差**」等發電技術來。另外還有「**化學及物理反應**」(燃料電池)、「**地熱**」、「**核融合**」(核聚變)、「**生物能源**」(如人工沼氣)、「**氫能源**」、「**永久磁能動力**」等不勝枚舉，台灣就是沒開放市場，導致我們這些產業和技術很難發展成功(或大型企業化)。

電力事業(產業)可分爲「發電」、電力「運輸」、「配電管理」及「儲電」等四大部份。美國源能部曾有位主管級的華裔科學家來台訪問，他建議政府應該發展小型多樣的發電廠，有較多電廠時電力可以彈性調配，電力可就近「運輸」，能減少長距離傳輸時的平白損耗，且建設成本比較低，時間也較快。

像澎湖就有居民，在自家的屋頂上利用簡便鋼製風扇，當風經過時風扇轉動連接家中的發電設備和蓄電裝置，就足夠供應本身及附近三戶鄰居所需，如果家家戶戶都能利用這種環保又免錢的電力來源，台灣就可以減少一大筆金錢向國外買煤炭或其它發電燃料，國家就有經費來研究更有效能的天然能源系統和技術，有了成果後，除國家自己(產業和人民)可以受惠外，也可以出口賺外匯，這又是一種良性循環，所以政府首先可以開放區域性的環保能源供電市場。

■ 整合運用

由於自然能源普遍存在不穩定的情況，目前國外已經開始著手將數種環保能源結合在一起使用，以提高自然能源的穩定性。例如日本有些公園路燈，便將太陽能及風力發電連在一起。在水力發電廠(水庫)的上方又裝置大型太陽能發電系統，潮汐發電廠又加上風力發電機組，只要能運用、組合的他們都在嘗試，也因此技術與產品能夠不斷改善、創新發明。

有人可能說：**「太陽能是不錯，但我們沒有足夠地方來放那些東西。」**

我們可以看看，由北到南那一整條的高速公路就是一個很好的發電所(場)，我們可以在上面架一個規模龐大的太陽能發電廠。

「那道路豈不是烏黑一片，開路燈不是更浪費電？」

哈！哈！不用開燈啦，日本產業綜合研究所已經發明一種透明的太陽能板，陽光可以像玻璃窗般的透過去，這種新技術如果是運用在大樓外觀或住家玻璃窗，以後電力可能都不用付錢給電力公司了，如果我們也可以研發出類似技術就不用向外國買了，而且它的運用層面也極為廣泛，如汽車或其它交通工具上的玻璃，各式建材，或產品外殼上等。

像目前歐美、日本及中國也都在積極研究新一代的環保建築。它不只是強調低耗能，還要有效利用自然及人工能源如何混和環循利用的技術，如蓄水池整個與外牆設計在一起，能降低室內溫度也提供熱水，外牆披了一層太陽能發電板，發電後的多餘陽光被導入室內當成燈光使用，或在中間採用表面塗有具有超親水性的光觸媒二氧化鈦(TiO 2)其餘的熱便透過水蒸發將熱轉化掉、蒸氣也再回收利用。室內所有電器產生的「熱」也能透過特殊金屬集中後，運用於其他地方(如熱水、烘乾衣物等)，樓頂上的風力發電系統除產生電力外的供應，也將轉動延伸到建築的通風排氣的運轉上，整棟建築也運用氣流熱冷昇降原理來設計室內的通風方式，每個房間、廁所也都有特殊的窗戶(如可自動開關、變色不透光)。人類產生的糞便、尿液和食物殘渣經過生物分解作用，也可轉換成能源(電)和無臭肥料，而雨水及使用過的水經過濾及光與生物觸媒淨化後可再重複使用，或提供洗車、澆花、養魚、馬桶之用，而廁所也設計特殊蓄水池(牆壁型)能將洗澡水用後回收。

也就是說，我們如何運用科技，利用自然生物與化學特性，將各種能源交叉運用，循環再生。就像艷陽高照的夏天高溫，如果我們將大部份的陽光拿來運用轉換能量，那麼夏天也能變春天是一樣的道理，只是人類對這種無污染的自然能量轉換的技術還在萌芽階段。

■ 基礎產業

一般人對能源可能只會想到如電力公司那類事業，但作者如果說以後的汽車、電子、建築、甚至連太空產業都與此息息相關，您相信嗎？

先說太空產業。有科學家建議在外太空架一大張太陽能板，透過微波將電傳到地面，而人造衛星、太空站也都靠太陽能源運作，連以後太空船都可能會運用核融合(核聚變)技術來做動力。中國國家航天局長欒恩傑說：「**月球表面的塵土裡，蘊藏豐富一種地球非常十分罕見的重要能源——氦3，它是核聚變的主要原料之一。**」能源產業可以說已從地球拓展到外太空了。

說到汽車這種交通工具，它在這往後幾年將會有很大的變化。馬達將取代內燃機(引擎)，電子線控技術取代機械連桿，這種電動汽車的背後功臣主角，便是新型能源儲存系統。

目前電動汽車的能源系統大概有兩大方向，一是配備超大容量的電池，靠充電後將電儲放於電池中以供汽車行駛，目前技術最成熟，但有續航力差、需長時間充電及電池重量等缺點。另一種則是經由物理與化學反應的方式來產生電力，一般稱爲燃料電池。

目前燃料電池可以用如汽油、氫氣、瓦斯、甲乙醇(酒精)、甚至是葡萄糖來當燃料，它就像我們目前加油一般儲存在燃料桶中，這些燃料進入反應板後便產生電和水或其他無害的物質，電能傳到馬達驅使汽車前進，調節電流大小後(類似踩油門)我們就可以無聲無息將車開走，低噪音的燃料電池汽車(機車、電力腳踏車)不需要長時間充電，也不用一整排超重的蓄電池來占用空間和增加載重，它是目前汽車工業較理想的選擇。

不僅新式的交通工具運用電力來驅動，幾乎所有電子設備都得靠「電」來運作，像日本東芝、NEC就有隨身音響和筆記型電腦是利用燃料電池來當能源的，往後這些採用新能源的電氣設備沒電時，可以就近到便利商店購買買裝有酒精、液態氫等新式電池，就可以讓隨身聽、手機、PDA、電腦連續用一週，燃料電池的最大優點便是它具備量大電力，而且不會造成環境污染。

所以，能源產業將是我們國家極重要的產業發展基礎，我們應該把經費投資在研發上，成立一些專門研究的企業及研發單位，而不是花上千億去搞像核四那種電廠，這種蓋電廠營利的事，交給民間去弄就行了。我們應該把納稅收來的錢花在可以長久創造的基礎上，也許是民間企業一些做不到的研究工作上。

如果政府能研發出一種前所未有的儲電技術，可以將電廠發出來的剩餘電力改變某種物理或化學現象，當它還原時又可產生出同樣能量，或是可以將颱風或地震所帶來的能量加以儲存運用，這不是不可能的，而是台灣領導人要不要把貿易島國的體質心態，轉變成以科技研發創造、創新的國家結構和意識，而這個才是台灣能否無拘無束地走向國際舞台的關鍵。

第四部

知識管理與資訊超商

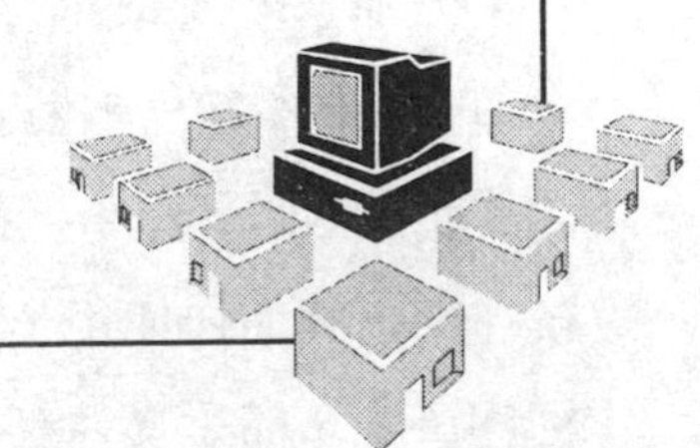

第12章 管理一切

■ 管理一切

就目前市場主流的知識管理軟體產品來看，大多數的知識系統都僅是以文件爲管理主軸，電腦內的所有圖片、影像、聲音、網路聊天內容、甚至是各式各樣的格式檔案，如果不做成一頁一頁的索引文件就無法管理。

在傳統知識管理系統中，幾乎只偏重於各種格式文件保存及簡單的查詢功能，對知識本身並無任何編輯與修改功能，在知識內容(文件)裡也許只是一個錯字，也得藉由各種外掛工具，如微軟的文書處理工具Word、試算表工具Excel，或更多軟體工具來處理，加上單純式的網站式架構，僅透過功能有限的瀏覽器來操作更難發揮現有電腦的效能。

通常這些傳統知識管理系統在製作知識文件及編輯和管理時，大都必須依靠專門人員，甚至是一整個部門的編制來運作處理，資料得統一放置在網路伺服器(網站)內集中管理，甚至得向軟體大廠購買數十上百萬的存放平台系統(軟體)，因此這種系統在架構與運作使用上非常複雜，但實際上它的運作內容卻又極爲單純，僅是文件存放管理而已。

但是，眞正的知識管理系統，必需跳開文件管理就是知識管理的舊框架，不管是文字、文件紀錄、我的最愛、電子郵件帳號、聯絡人、行程、工作事項、電子郵件、各種圖片、影片、聲音、或各式各樣檔案，皆進行全面性的管理，也就是說存在於電腦中的任何東西(資料)，甚至是其它應用系統，都要能進行管理或整合，因爲在現代科技時代中，這些都是資訊時代裡都是知識的一種，都必須能夠管理才行。

這種知識管理，不光只是在企業上才能運用。事實上，知識管理得由個人使用者本身開始，不管在任何時候、任何地點都能運用(使用)，這才有知識管理的意義，否則老板和最基層的人都不用，只有中階主管與部份專業人仕在推(使用)，效果實在有限。而不管任何系統，最終還是個人在操作(運用)，而且不該只是在特定空間才能運用(機密性質除外)。所以一個眞正的知識管理系統(或架構)，必須先由個人使用的所有需求，開始做全面性的規劃才是。

先進的知識管理也必須由個人的知識、資訊、通訊等管理(PKM個人知識管理)開始，再延伸到企業的知識管理(EKM)或其它專業如家庭、學校或研究機構等領域，這樣才是眞正在進行知識的管理與運用，也才能夠發揮何時、何地、任何空間、任何方式都可進行知識的累積、運用和管理的功效，而且這個系統還能夠在不同領域、系統或公司之間，也能方便地交換(交易)、流動分享，這才是眞正又完整的知識管理。

傳統知識管理系統裡，都不知如何運用員工(不管新舊員工)早已存在的知識或智慧，老闆總以爲請了昂貴的顧問公司，聽一大堆搞不懂的專業術語，動員全公司力量，花了近一年的時間建立一套龐大、複雜的系統，花一大筆金錢就對自己(或投資股東)有個交待，公司在媒體面前也有個熱門題材可供吹噓，心裡總以為「錢花的越多越有效」的心態，而且大多數的員工與老闆都一樣。

然而看看這些傳統知識管理最後作了些什麼？發揮什麼功效？其實到頭來只不過把以前訓練手冊、作業規章、工作規範及相關新聞電子化，而這種東西在一般人的眼裡就叫知識管理？

■ 文件單純化

傳統知識管理系統在管理上並不重視編輯與修改功能，因此文件格式非常雜亂，不同的文件，內容之間很難產關連生對應的作用。

而任何文件(檔案格式)不外乎是文字、圖片、音樂、動畫等幾大類的組合體，新的知識管理系統便是從這種原點出發重新規劃，透過單一文件格式(如網頁上的HTM及XML格式)、通用的瀏覽及編輯器與操作介面、能同時處理文字排版、編修圖片、影像及多媒體，並整合資料庫系統，將所有資源集中，統一存放在個人的小型資料庫內，同時將系統的所有資料，可以很簡便(步驟與方法極為簡單)地在網路上傳遞、交換，這樣的知識管理系統才可能被個人化地普遍使用。

當這種系統不需要昂貴的設備及高深的電腦技巧，一般的電腦使用者只需具備簡單的文書處理能力，就可以在自己的電腦上，輕易建立一套屬於自己的知識管理系統，而這種輕巧、從資訊知識工作者實用(使用)角度出發的產品，如果與目前市場流行的Office文書套裝軟體及網站式(網頁)的知識管理系統相比，立即能突顯其簡易與實用性。

■ 一體多面

傳統電腦使用者長期面臨的問題，就是會使用各種不同的軟體工具，產生一大推不同格式檔案，導致知識(電腦檔案)無法整合運用。

而新的知識管理系統，首先將各種文件單一(單純)化，單純化的最大優勢，便是當我們建立一份文件的時候，它可以是一個電子郵件(E-Mail)、網頁(Html)、電子說明文件(CHM)、手寫記事(MEMO)，也可能是一個行程安排(行事曆)、專案計劃裡的一個任務項目，甚至是一個行銷DM或美工設計，同樣一份文件不必透過各種轉換，就可以出現在任何地方，如同使用不同的檢視方式，同一個資料可以出現在行事曆、專案管理或某分類的知識庫中。

當我們在查詢或編輯的時候，也都只需要使用同一個編輯、查詢與管理工具就可以完成各種操作。

當其他公司還在強調文書編輯，展示一些很炫卻用不到的功能，得用伺服器來管理各種不同檔案時，這種新系統除將所有文件格式單一化外，也沒有所謂單機或伺服器的差別(個人使用平台），因為現今的個人電腦都以具備驚人的運算能力。所以這個系統並沒有區分用戶端或伺服器端，用了這個產品我們可以隨時將桌上型電腦或筆記型電腦上的伺服功能啓動，而不需要將整個作業系統更換成昂貴的伺服器版本。也就是說，使用我們的產品，任何電腦都可以成為伺服器，只要將知識分享、郵件或其他伺服功能啓動，它就具備伺服器功能，只看我們有沒有啓動伺服器服務的需要。

■ 整合的單一編輯

這個系統具備比MS Office還要簡單實用的全方位編輯器，功能遠遠比MS Office單一功能文件要來的先進，而且簡單易用。因為這種系統做出來一份文件即是網頁、電子書、電子郵件、知識庫，使用舊工具的使用者至少得用二、三套以上的軟體工具才能完成這些工作，而這個系統只需一套就全部搞定，更沒有一大堆功能相似，卻不通用的檔案格式。

除了通用的文書及圖像編輯器外，先進資訊管理檢索器(管理資訊片段或檔案)，全面性網路訊息交換功能，簡單說一般人使用電腦一定會用到的軟體，如郵件收發、文書及圖像處理、個人資訊、通訊管理、本身電腦及網路上的資源搜尋及收集、分享等功能，該系統能都將這些功能，合併成一套單一的產品，彼此的資料都可共同並密切關連。

該產品與微軟Outlook、Outlook Express、通訊錄、Word彼此間不同的資料及檔案格式，而且要開啓那麼多套工具來做事相比較，使用者能馬上體會使用它是多麼簡單，又能一次滿足所有功能，還可降低電腦運作負擔及減少儲存空間因資料重複的浪費。

而這種新一代的編輯器品也正整合以美工編輯甚至是3D繪圖的功能，如友立的PhotoImpact繪圖軟體，甚至是製圖的CAD、3D MAX動畫這類軟體，也加強它們在文字編排、手寫辨識輸入、表格試算處理、資料庫及多媒體連結的功能整合。就算某公司準備上市的OneNote，如果它還將Word及Excel所有功能整合成一套，也還達不到我們編輯功力的一半，微軟的Office恐怕還不能做出那種眞正如科幻電影裡的那種3D文件來，而且能像資料庫方式將資料一段段分門別類地秀出來，而且隨時可以添加專業影像效果，我們不必又啓動另外的影像軟體來處理，也不會再看到系統經常出現「**記憶體已經用完**」的警告。

■ 繞開衝突

未來這種具備簡易、實用、多功能卻單一化的軟體系統，一旦成爲主流的大眾化產品時，很容易與軟體業的巨人——微軟發生正面衝突。

尤其當這個產品影響到他們的套裝文書處理軟體(MS Office)的銷售時，微軟一定會採取強烈手段圍堵，加上他們有全球最強的研發團隊，他們的技術團隊會很快地仿製一套相似產品，除去競爭產品所有的缺點(或弱點)，加上令人喪膽的強勢行銷與廣告手段(如透過免費試用版來誘使消費者使用)，市場(軟體本身)

很快會被他們接收。

因此研發這類產品絕不能將重點(獲利來源)放在軟體的銷售價格上，而必須來自其它加值服務時，那便可避免來自軟體巨人的致命攻擊！

■ 崁入商務機能

為此，這種產品必須建立一套更前瞻的運作機制才能發展下去。如果我們在這種全新的知識管理的系統上加入套件式商業模組，強化它在網路上各種通信及交換功能(如郵件伺服、點對點分享、語音、視訊、遠端操控等)，我們可以建立與傳統產品不同的差異與獨特性，同時支撐這個產品(精神)發展下去。

其中商業模組中，該系統會針對一般小公司行號，提供一些商業管理的基本套件(如簡易的會計、進銷存、人事及資產、電子流程表單管理等針對各行業的需求差異設計的標準程式)，以免費方式提供給商業用戶使用。使用這個平台後，都能簡單地將這些套件安裝起來，就像現有視窗作業系統更新那樣容易，這種套件式功能不必像以前更換或昇級軟體時，必須把資料移動備份、昇級轉換、花時間重新整理，而且這些資料還可以與原來知識庫內的所有資料(資訊)，緊密地連結(關聯)起來。

當此系統提供各種不同或等級差異的套件(如一些更專業功能的收費軟體)，它們之間都會考慮相容及一致性，公司成長再快再大，系統的升級轉換都能輕鬆簡易地進行，企業使用這種的平台後不需要丟錢給那些獅子大開口的軟體顧問公司，避免外面那套狗屁誇大及充滿收賄狡詐的採購流程，也不會與那些騙吃騙喝的小軟體公司發生糾紛，這些公司企業的資訊化所會面臨的問題，都可能在這種平台及新商業模式下逐漸消失，該系統可以扮演起眞正電子市集的角色，而微軟開發再強的軟體時，對這種附有公眾利益的軟體，也不會造成嚴重致命性的危害。

而一些收費的特殊軟體套件，任何使用者都可以試用三十天後，再來決定是否要購買，而購買的軟體都以租用方式進行，可以用季或年做單位，費用也只僅收幾十到幾百元內，在有效期間內只要有新功能版本，用戶均可以免費更新，這種系統會讓自己及客戶的系統維持在效能最高、最安全、功能強大及最新科技的環境裡。

第13章
強大的先進功能

■ 消失的檔案總管

在這個系統裡面，再也沒有所謂的「資料夾」或「目錄」這類東西。任何資源(檔案文件)進到電腦時，該知識管理系統便會自動(或手動)透過分類規則，分析、分類後才存放於專屬的資料庫裡。如果資源(文件或檔案)也是從相同系統所傳輸過來的資料，這個軟體可以繼承對方所設定的各種屬性及分類資訊。不同的檔案類型，除原有公訂的標準分類項目外，用戶們可以自訂增加其他的分類項目。

如果資料庫(以個人使用的小型資料庫來說)較難處理的大型檔案，如很大的聲音、圖片、視訊檔案時，該系統接收後會自動將這些檔案分類放在特定的資料夾內，檔案所有的訊息(如名稱、時間、來源等等)記錄下來，原來檔案名稱會被換置成永不重複的唯一編號(ID)，未來任何檔案進出，都會透過該系統的資源管理器進行監控，任何新接收進來的檔案，如果資料庫內已存在系統會彈出重複資源以供比對，選擇放棄、取代或新增。

■ 多重分類

各種知識如果以電腦的傳統資料夾及檔案命名的分類方式，很容易出現某個文件很難分類的困擾，它究竟是要以內容、時間、地點空間，還是要以行業或是某個人的分類(資料夾)來放置這個資料？如果它又屬於其他分類的資料夾時，放在這兒就得放棄其他資料夾，如果拉一推捷徑，一般人也不會做這種麻煩費事的工作。

這種知識系統的資源管理器是以資料庫欄位的分類方式，不會出現傳統資料夾及檔案命名的這些困擾，因爲在這個系統使用者用不著檔案總管。任何資料都可以進行多種屬性分類的定義，不管是時間、地點、空間、行業、人物對象或是其他分類都可以包含，我們不必管資料要放在哪個資料夾，因爲我們在這個系統中可以從任何一個分類點，迅速找到這個資料，在瞬間的一兩秒內找到我們要的任何資料，這才是做到眞正的知識管理。

當然一般人要分類知識都有點懶(嫌麻煩)，因此該系統會有自對分類的功能(以有文字的文件爲主)，使用者可利用系統本身的分類範本，自動分類工具依照此範本內的分類原則(甚至是比對內部的人或公司的資料表)，如果內容出現如宏碁電腦、台灣、筆記型電腦等，該文件可以自動分類成資訊業，產品爲電腦、國家爲台灣等分類資訊，而每個分類都還可以做到階層分類(如樹狀分類)。只要分類範本定義的越精細，分類便會更正確，而且範本也可以自行下載或交換。

■ 先進資源檢索器

這種先進資源檢索器可以在同一個介面進行多種複雜的查詢，但操作方式卻非常簡單，只要在彈出的「**先進資源檢索器**」中，選擇要找的是文字(文件)、圖片、聲音或是影片，從中還要選擇符合條件，如何種類型、類別，是否包含(或不包含)什麼關鍵字(如Google的類似查詢方式)、和誰(人)、什麼事件、那家公司、什麼產品、屬於那個國家、在什麼時間、那個地點，全部都只需「點選」幾下(可複選)，一兩秒內資料就立即出現在我們面前。

這種多功能的查詢方式，不僅能在自己的電腦查詢，還能連到市面上著名的搜尋網站進行查詢資料的訊息，但這個系統更強勢的地方，是能夠深入到每一個用戶的個人電腦裡，搜尋各種格式類型的數位資料或片段資訊，只要是電腦上裝置這個系統，使用者僅需在某該項要分享的資訊選項上打勾，並連接於網路上，我們可以在任何地方進行各種資訊查詢、與內容的交流與交換，因爲這個系統能管理電腦上的任何東西(資訊或檔案)。

■ 資訊片段

該系統文件是由電腦資源(或資訊片段)所組合而成，這種文件(知識)本身可簡易地進行分拆、獨立；例如選取內容的某一段知識文字或圖片檔案，用滑鼠拖拉至某處即能成爲一份新文件。

文件可以「組合增長」，這種功能可以將各種文件來源，像電子郵件(E-Mail)、網頁接收後，依照文件增長原則，自動將某段或整個文件內容，增加至原先指定的文件增長點上，或藉由手動方式將文件合併。

■ 全面關連

該系統另一個複雜的部份，是能將整個電腦上的各種資源、檔案作全面性的關連與掌控。我們可以將存放於電腦中的各種資料，如文字、圖片、影片、聲音完全關連並串接起來。

例如我們從「人」的資訊，可以列出與他相關的文件(知識)，各種資訊片段(如電話、mail、公司、地址)、圖片、影片、音樂(聲音)，還可以從中篩選出必須符合某些條件的要求，例如建立的時間範圍，符合某些關鍵字句、分類項目、重要程度、行業別、或其他自定的索引欄位等等。

而且上面每一個點(資訊片段)都能成爲主角。也就是說從任何一張圖片、一首音樂，都可以對應出如上述的許多關連資訊，這種資訊關連不只是在本機(自己的電腦)上，如果電腦連在網際網路時，系統可以自動從網路上，藉由這個系統建置的伺服器與在世界各地同樣使用這套系統的用戶，彼此分享各種資料、資訊或檔案中，關連出我們所需要的資料(文件或檔案)。

■ 決策軸

這種功能是提供給企業高層做爲分析決策的超強輔助工具。這個功能能夠將某些符合某種標題(議題)、條件的相同特定資訊，投射在時間座標上，以供企業或各種高層來進行分析、決策之用。

該分析資訊不僅在本機(自己電腦)或公司的資料庫中心獲得，系統還能透過網路向個人工作室或某領域專業情資公司所收集的極密情報資訊(可能要收費的資料)，這對從事科技研發、金融投資、大型企業有絕佳的情報及決策輔助功用。

■ pBAR工具列

整合所有電腦資源管理的pBAR，可以快速列出(自動彈出)電腦裡的各種資源(知識)，如資訊片段、檔案、系統控制或是其它應用程式。

使用者不用去按原來的「開始」、「程式集」、「某某程式」後才開始工作，通常我們點一次滑鼠時就可以顯示出您要的資訊或處理一件事，如寄電子郵件(E-Mail)，列出所關於汽車、修理、台北等關鍵字的知識文件或相關人來，pBAR也將先進資源檢索器整合在一起。

這就像有一個超級的Windows開始工具列，在上面就可以直接收發郵件，或呼叫出資料庫裡面的訊息一樣，傳統的作業系統至少要按滑鼠十多次以上才能達到相同功能。

pBAR也具備「**快速輸入**」功能，如常用詞彙、或知識庫內所有資訊或片段(如密碼、帳號、住家地址、電話、身分證；與最近十筆複製資料，可即時任意貼到網頁、郵件或任何文書編輯器內，不需要任何重覆的打字輸入動作，甚至是貼上知識庫內所能管理的任何資源，如文件、圖片、動畫的資料內容或者是讀取路徑。除此之外，pBAR還可以快速將電腦關機(或重開登出)、調整電腦運作效能、監控網路情況或是調整各種音量大小聲。

■ 先進輸入工具

「先進輸入工具」與pBAR的「**快速輸入**」是相關聯的輸入工具，但先進輸入工具支援鍵盤的打字與手寫辨識的輸入功能，而獨特之處是當我們在鍵盤打出一個字或手寫辨識出一個字後，除了出現校正字盤，對於候選字會有智慧型貼心的輔助學習功能。

例如我們輸入(含手寫辨識)一個「股」字，在單字候選字的選字盤上便會出現如「東」、「市」、「海」、「票」等候選字。而在兩字候選字的選字盤上便會出現如「票漲」、「票跌」、「份制」等候選字。在三字候選字的選字盤上便會出現如「票代號」、「市分析」、「市下挫」等候選字，在四字候選字的選字盤上便會出現如「有限公司」、「東起爭執」候選字等等，而使用者可以自訂要出現多少字數的候選字盤，最後一個字盤還可以指定多少個字以上的最常用的候選詞，並指定出現的組數要幾個，當然候選字過多會影響到電腦的運作速度，另外還有一個經常都會用到的數字、符號與結尾語助詞的輸入字盤。

而當我們選了某個候選字後，系統又會從該候選的最後一字，自動出現全新的候選字，理論上如果詞庫豐富的話，一般人在輸入的過程可以大幅減少鍵盤(或手寫)輸入的時間，錯字發生機會也會降低許多，而且都只需要點選一下就可以完成一句話。

在手寫辨識部分還增加一個特殊筆畫功能，這種功能便是使用者畫一個特殊符號後系統記錄(學習)起來後，如畫一個豬鼻子(一個大圓裡面兩個相連的小圓)就會出現某個討厭同事、上司或公司的名字，或者是一段句子、還是知識庫內的一篇文章，要出現什麼都可以由使用者自行設定。

而出現頻率越多的候選字會自動排在最前面，先進輸入工具具備學習功能，當然出現順序也可以自行指定，而這些學習資源也都放在該系統的知識庫內，也就是說連輸入習慣也可以分享給別人使用，也就是我們可以下載一些文筆(詞彙)豐富精采的輸入資源。

■ 全球詞彙與翻譯功能

先前提到的快速及先進輸入法，當他們在出現候選字的運作時候，其實背後必須有一個完整的詞庫(詞彙庫)存在才能提供。

在一般開發這類的軟體公司(如翻譯軟體)，都會把這些視爲產品機密而隱藏起來，一般使用者很難直接去使用它。但在我們這個系統中，詞庫或詞彙庫本身是可以進行交換，我們會提供一個平台，讓所有的使用者(國際全球)來更新、維護這個人類的共同資產。

它也許可以成爲全球最大的詞彙庫，而且大家(全球各地)都可以使用它(取得資料)，而且這個詞彙庫在不同的語系(國家)中建立特殊的關連。也就是說我們在這個系統(也就是在我們使用的這套軟體)中，找到一個中文句子，我們可以立即轉換(翻譯)成任何一個國家(只要是系統有的)，相同意思的句子出來，而且使用者都可以免費使用它(包括下載)。

作者認爲它的維護經費，應該由全球各國的教育單位來共同分擔，因爲這是人類共同的資產，而不是由某一家公司獨占。

■ 先進整合指令功能

該系統還增加比微軟的文書處理軟體(Word)裡的巨集，還強大許多的「**先進整合指令**」功能，它可以建立多個應用程式，一次執行多個組合指令(含自動文書編輯)的先進功能。

例如建立一個會議通知郵件的「先進整合指令」，它會自動抓取最近的會議行程(這些都可以設定公式或出現對話框〔畫面〕輸入條件)、從知識庫讀取此次議題的內容事項，自動建立套好個人姓名的郵件、是否收取回條，完成後一一自動寄出。或者在星期二時，應該閱讀那幾個網頁(站)，它可以一次開啓，並將指定範圍的內容資訊自動擷取至知識庫中。或是設定要看圖片、趣味等級大於5、女性、日本、爆笑、不包含色情。或是公司、最近20筆的財務報表、未閱讀批示、重要度大於2。也能夠在編輯文件時自動將文件內容的字體大小、間距、行列排距、背景樣式、加上頁碼標籤或自己的簽名照。或是公司與住家不同的網路設定切換等各種整合指令，只要按一下滑鼠就一次全部完成，這便是「**先進整合指令**」的功能。

■ 先進通訊目錄

「先進通訊目錄」是整個系統通訊的核心基礎，任何可用來通訊或溝通交流的資訊連接點，如個人或公司行號的電話、傳眞、電子郵件、網路及視訊電話等等，都會在這裡匯整起來，並整合知識庫內的「人」及「公司」的相關資訊，就連網路上的相關設定與控制，也可以從這裡操作。

「先進通訊目錄」除了具備如微軟MSN Messenger、美國線上的AOL、或是中國QQ這種即時通訊能力，也有微軟Outlook及Outlook Express的聯絡人及通訊錄的管理功能外，它還整合傳統電話(甚至是公司總機)與3G第三代電信或4G第四代電信的數位移動通訊、GPS全球衛星定位、電子商務(含電子貨幣)與電腦權限管理等功能。

在公司通訊運用中，企業只要購買經這個系統軟體認證過的多埠電話連接卡，傳統電話總機便由這個軟體系統的總機套件給取代，員工們使用的分機電話，也由電腦取代(需裝有該軟體)，公司不用買傳統電話機，而這個系統能具備許多傳統電話總機做不到的功能，如傳眞排送、電話內容監控、成為知識文件或訂單溝通紀錄。

當然這套系統重點功能，還是在於網路上的數位通訊的先進功能整合上。

在通訊過程中可分爲語音(講話)、視訊(可看到影像)、文字即時傳遞(打字聊天)、及檔案傳送(電子郵件或傳送檔案)，也同時區分對方用戶是在「線上」(On-Line)或者「離線」(Off-Line)等狀況。

首先，先進通訊目錄會先定義各種通訊過程的優先順序(可針對不同對象單獨特定順序)，例如要與某個朋友通話(語音型態)，作者在pBAR(先進通訊目錄以整合至裡面)上點選出這個朋友來，在他照片上點選代表語音通訊的電話筒圖示，如果他在線上(On-Line)便會啓動網路上的點對點通話，過程中也可啓動視訊與監錄功能。如果對方沒接受第一個通訊方式，「先進通訊目錄」則會依照通訊順序依次聯繫，例如第二順位是接著打手機、要是沒接系統便改打第三順位的公司電話(會自動撥分機)、家裡、甚至是通訊錄所有的電話依此類推，最後在對話框中選擇「語音郵件」(這在每一個通訊失敗都可以選擇)的功能，按「開始」後對麥克風講話，再按「結束」後即可「發送」出去（可檢視或取消)，這段話(語音)就自動寄到對方的郵件信箱中。

不過這麼做實在不怎麼先進，因爲先進通訊目錄厲害的地方，是能夠接受對方所設定的接聽順序，例如作者在家裡，如果不在線上時，那麼第一個接聽的便是家裡的電話，然後是手機(替對方省錢著想)，至於作者公司的電話自然就顯示不在的圖示，這些設定可透過範本或先進整合指令進行切換。使用者自己的發話序順也可以自行定義套用，如果在公司，系統優先以公司的電話開始撥打，全部佔線時才轉由自己的手機發話，或電子郵件等各種定義順序來進行通話或通訊。

當然以後的手機改成智慧型手機，並裝這個支援手機的控制軟體(如果成爲產業共同標準時)，這樣大家在通訊的時候，能夠精準的一次就聯繫到對方，如果對方還安裝GPS設備並啓動功能時，我們還能夠知道對方(如自己的小孩)在哪個地方，如果對方不想接電話，任何人(或針對某個人)也無法打通他的電話，因爲他可以發送一組通行密碼給特定的人，有密碼驗證(可當成某種交易才能取得)過才可以撥入。

如果我們搬家、換公司或丟掉手機而必須更換號碼時，不用像以前得麻煩地一一告知，往後只要是經自己在先進通訊目錄授權的好友同事，系統會自動更新對方所記錄的通訊資料，而每一組通訊資料都能夠個別設定分享(讀取)權限，不論你的心情好壞與否，也可以透過先進通訊目錄來告知授權的好友。

■ 3D操作環境

這個3D操作環境可以徹底將原本作業系統操作介面改觀，包括使用經驗與操作邏輯，也就是說即使用視窗2000(WIN2000)或XP的操作系統，我們也能夠提供比微軟下幾代產品更好用的操作介面與使用功能。

啓動我們系統內的3D作業環境後，會發現原來的2D「桌面」

被全新3D「環境」所取代，這種「環境」可以把他想像成3D GAME那種有空間及深度的環境，也同時支援多螢幕顯示。

考慮其操作性，系統將開始點設於一個圓的中心點，由控制這個圓的半徑，來控制環境大小，當R等於零時就變回原來的傳統桌面，開始點也可以轉動及移動，已打開的文件可以環著圓周排一圈或依Z座標一層層排下去，只要調整視角(瀏覽電腦的畫面角度)便可以看到所有文件的標題，透過「先進選取標題標籤」可立即將要用的視窗移到眼前，如果不習慣的用戶可以換回原來的微軟桌面，但如果您願意試試這種全新的3D工作環境，您會發現電腦螢幕內的呈現方式更加豐富且多樣性，未來64位元電腦普遍後，使用這套產品才能充分發揮電腦硬體的效能。

■ 開發工具

整個系統的操作介面，可以像微軟office中的ACCESS個人資料庫的表單開發工具一樣，由使用者來設計自己喜歡的操作介面，對與系統所提供的控制元件，如文書編輯器、郵件收發、編碼解碼等技術細節、使用方法也會提供詳細資料，整個系統公用的部份為考慮共通的交換功能不開發修改外，其餘的部份，包括效能增強、功能擴充、功能元件(控件)、介面SKIN外觀等，都可以由進階使用者自行修改，這些進階使用者也可以透過公用的的電子商務機制，來販賣他們所修改、設計、增強的東西。

■ 常用工具整合

系統除了管理知識與各種檔案資源、資訊片段、商業模組、網路通訊及資料分享交換外，也具備電腦內部的監控功能，如記憶體的管理、網路安全與監控等。還內含與系統資料庫完全整合的各種工具，如多媒體播放與製作、轉碼與翻譯(採全球分享共用的多國辭庫)、流程或行程管理等。也就是說，經常會常用的電腦工具也會內建在裡面，使用者可以隨時上網下載新工具。而這些工具與外面一般軟體最大的不同，是它們必須與系統的資料庫與資源管理器的資料共用並密切整合、所以它無法單獨運作。

第14章

免費軟體的陰謀

■ 作業系統上的作業系統

文件管理只是這個知識管理系統中小小的一環，這個產品其實是一套架在作業系統上的作業系統，該系統以全面性、專業級的知識管理方式，來控制整個電腦系統及存在電腦硬碟與網路上的各種資源。

我們利用微軟或其他公司開發出的作業平台，再將這個系統架於上面並取代它的日常操作(運用)，我們不必花費巨資來研究最底層的系統核心，如硬體溝通與驅動控制，這能節省我們大部份的成本。

事實上作業系統的獲利，不會比整套完整的個人或商業運用系統來的高，就像賣一整部賓士車絕對比賣單顆賓士引擎要高出數倍利潤，因爲後面還有更多商機，如保養、修維或駕駛導航資訊等，而專業的信賴服務能與客戶持續更長久關係。

而且以後的作業系統核心，便是一種與資料庫或是知識運用系統整合的產品，如此電腦作業軟體的效能才能完全發揮，往後那些只賣資料庫的廠商，如果沒與作業系統業者合作(合併)恐怕都會消失不見，因爲我們已經看到了這個趨勢。

■ 免費策略

這個軟體系統的定位，就如同網路瀏覽器或電子郵件一樣，只要使用電腦的人都會用到它，雖然功能遠比微軟的MS Office強大，但我們還是免費下載提供給使用者使用。

曾有朋友問道：「SUN(美國昇陽科技公司)也曾推出類似微軟的MS Office的免費套裝軟體，但也看不出來他們有多成功，對微軟相似產品似乎沒有什麼致命威脅，你們產品是否也會有同樣的結果？」

其實SUN的產品與微軟的東西沒有多大差別，講白了就是MS Office套裝軟體的仿製品，兩者除了廠牌、價格外，其他的東西，如功能、內容都是相同的東西，好比他們都是吉普車，只是兩部顏色、音響、輪胎配備不一樣的車子。

但和吉普車相比，我們就像是一台戰鬥機，是一種思想架構及功能完全不一樣的產品。當它們停留在雜燴(好幾套產品文件編輯)功能，我們已經升級到單一性、全面整合、資料庫系統化及如何快速使用層面；從知識的製作到管理分類、資源有效整合並可隨意分享，藉由底層資料庫統一存放所有資源，崁入式模組化商業套件，而這些功能早已經超越文書處理的層級。

也許我們這個系統軟體的免費策略還可能打擊對手，因爲這個產品的許多功能可以取代對手許多產品，除非他們將Office、SQL資料庫系統、Exchange郵件系統或其他伺服器軟體免費讓人下載。但沒人敢想比爾蓋茲(微軟老板)會將正式版的

Office或一些大型應用伺服軟體讓人免費使用，這些都是他們主要的獲利來源，以他們現有的思考邏輯、區分過頭的產品部門、商業獲利模式，短時間內很難讓他們改變來壓制我們。

而眞正能重創對手的是我們OS PLUS「**作業系統上的作業系統**」和「**單一軟體國際化**」策略，我們可以在微軟、UNIX、LINUX或蘋果等作業系統上，另外建立一套全球一致性的操作環境和平台介面，彼此不同的底層OS作業系統，藉由這個平台達成一致性的使用習慣，和共同規格化的資訊內容，就像在Windows環境所建立的各種資料，可以直接拿到其他平台如LINUX上使用，只要消費者裝有這個系統，不管他是何種作業系統底層我們都可讓他們有完全相同的操作環境。

不同國家的使用者，也可以隨時切換成他們國家的語系。既使我們還沒有該國的語系資源與說明輔助檔，我們也會開放製作工具，讓使用者可以自行製作與發佈該國的語系資源，如此我們便有主導客戶使用何種底層平台的能力。

■ 免費陰謀

朋友問道：「那你們爲何投入大量資金，開發軟體出來然後免費讓人下載使用，難道是像一些免費軟體，偷偷收集個人郵件地址，然後靠這個賺錢」？

這當然不是。

因爲這種透過免費軟體來竊取個人資料來販賣的公司或產品，政府相關部門應該明確訂定法令來禁止這種事發生。例如作者之前就遇到一個外掛於MSN上的免費軟體，它可以將MSN的廣告移除並記錄聊天訊息等功能。但升級它時竟會自動安裝一些奇怪軟體，過程中間也無法中止，之後這個像病毒般的軟體會自己在IE瀏覽器上出現莫名其妙的工具列，改變網頁開啓的預設位置，每隔幾分鐘還會自動彈出廣告來，連移除這個不速之客還得密碼才行，最後乾脆將系統重新安裝才把那煩人的廣告及難看的工具條(列)去掉，作者實在是痛恨這種軟體，就算它有多好用恐怕誰也不敢再安裝。

事實上，我們會用光明正大的方式來收集有價值的情報資料，重點是我們會讓他們主動參與我們設計的活動。我們會有很強勢的誘因讓他們自動加入進來，也就是說資料情報是由當事人自己提供，所以政府法令應該無權禁止這種個人資料情報的收集方式。

以網路上讓人最垢病的廣告信來說，作者覺得那是一種最沒效率、又浪費網路資源的行銷手段，而且令人反感，就連免費軟體上面的廣告橫條也是一樣讓人厭惡。

有些使用垃圾郵件過濾軟體，或設定收信規則的使用者而言，這些廣告信在收到自己的信箱前，多半在伺服器裡清除乾淨，即使漏網之魚收了下來，大多數人僅看標題及寄件者就把信給刪了，而看到內容的人，也往往有質疑甚至痛恨的態度對待那則廣告，這種廣告豈不是成了反效果，況且，有誰會相信一封假地址，或不知是什麼陌生人(公司)寄來的訊息。

反觀我們的廣告作業就複雜精確許多，包括後續一連串的處理與服務工作。我們會從廣告業者所提供的費用轉給他所要的目標客戶身上，而目標客戶也會爭著看廣告內容及細節。也許您會說我們吹牛而不相信，但因爲我們的廣告只發給本身有此需求的客戶，廣告業者剛好提供這個需要，這兩大條件均成立時廣告才會發出去！

廣告權利是由使用者(目標客户)本身來決定，不是在中間處理或交換資訊的我們。客戶可以在系統中選擇想接受什麼條件的廣告，包括什麼產業的某種產品及等級，甚至獲取報償金額的多寡。同樣託播廣告的業者也能嚴格篩選出符合條件的客戶，如性別、婚姻、年齡層、行業別、職位階級、年收入、居所、家庭結構等，其它的交由我們平台處理即可。

至於個人是否會留下這些資料，試想如果這是一個收入來源的話，大多數人應該還會留下資料，畢竟這是一種權利及義務的關係。「要不要」由用戶自己來決定，加上只有使用我們這個系統本身(需安裝市調及廣告模組)才有此功能，這個系統與單純功能的電子郵件(E-Mail)有很大的不同，這對使用者會有更好的保障。

就拿作者來做比喻，例如作者對筆記型電腦(NoteBook)特別有興趣，尤其是有手寫(如Tablet PC)功能、高解析寬螢幕功能的高階筆記型電腦，作者都不忌諱看相關這類相關的廣告，反而會希望廠商能將最新產品資訊，最好連細節規格、設計圖都能寄來，即使不要給錢也可以接受，當然看廣告還有錢賺那不是更好嗎！

相對於廠商來說，作者的職業、收入、喜好，也符合他們所謂的潛在客戶條件(會花錢買那樣的東西)，甚至是最佳客戶時，他們也願意直接將廣告預算投在作者身上，這對大家都有利。

我們這個系統平台，情報力就是要發揮到這樣的程度，不過這只是開始而已，當然後續的處理，如想進一步了解、建議、有購買意願請主動來聯繫、或直接線上交易等，在這個系統裡都能一手包辦。

我們提供功能強大的軟體給客戶，以免費的方式是考量我們發展及定位的特殊性，免費可以快速讓人接觸到我們的產品，而且透過網路並經由使用者彼此間的複製傳遞，可以在一兩個月內就讓使用者達到上百萬人次的下載使用，以前網際網路未發達之前，微軟初發展的軟體可是需要數年後才能有這種成績，如今時代已完全不同，我們便是站在此浪潮的前端，推動全新的產業革命！

■ 新世紀產業

朋友再問道：「軟體設計公司怎麼做起廣告生意呢？」

沒錯！我們是軟體開發公司，但我們的獲利來源也不是從軟體本身。就廣告而言，那只是我們數位內容及知識情報交易系統中，千萬種服務項目裡一小部分的服務和收入而已。

我們是以軟體科技、資訊情報、全面性的數位內容整合的新型態事業經營做定位，我們透過軟體與虛擬的網路世界連接，配合實體的「資訊超商」(註)所構成虛實合一的全新產業。因此我們賣的是各種數位需求及情報服務，而不是一個單一的電腦軟體。

我們軟體免費放在網路上供人下載，沒有註冊也可以使用三十天，而註冊也只要留下可供驗證的電子郵件信箱便可啓動本系統，而產品啓用和身份驗證是分成許多階段進行，根據不同的服務項目逐步來填入個人資訊，我們與一般軟體(或網站)一開始就要用戶輸入一堆個人資訊是完全不同的，那麼做不僅莫名其妙，而且收集到的資料絕大部份都是假的資訊，那有何意義呢？

每一次我們收集用戶的資料時都有充份的條件、誘因，讓他們主動將資料留給我們。如果要啓動「付你費廣告」服務時，那一定要您個人資料，如所得、性別、職業、年齡、家庭結構等資訊，如果是電子商務服務則需要金融資料等，這是因用戶本身的需求才會啓動的服務，之後才進行相關資訊驗證工作，而個人資料便會透過「先進通訊目錄」與系統服務器進行多層級的認證。

我們免費提供這個平台給用戶時，不管是個人、單位機構或公司行業，只要他們啓動各種數位資訊服務需求，我們從中提供一個具有多樣性，及前所未有的商業整合服務以此獲得成長的動力與收益來源！

例如用戶本身，覺得自己某些資訊(情報、文件、檔案)很獨特珍貴反正使用者想要收錢(賺錢營業)就對了，那也只需將那分享選項旁的收費給勾選，進一步設定如金額、幣別、期間或者其他限制條件完成後，整個系統會自動幫您去做買賣，交易後自動將錢轉到我們或您指定的銀行帳號中，我們只收取一角、半角或一塊錢的服務費，我們會讓使用者接近沒負擔的感覺，更沒有傳統網站過於複雜繁瑣的交易流程。

註：《資訊超商—第四波產業革命》，1997，皇統光碟出版，作者第一本著作

第15章

虛實合併大顯神威

■ 產業競賽

唱片業每況愈下，有不少人歸因於燒錄機熱賣導致隨之而起的盜版風潮，雖然這個現象似乎在97年就逐步開始，那時MP3也才正巧出頭，但直到今天唱片業還是照舊賣他的CD片，業者們似乎不清楚他們產品銷量爲何越來越少，而只是將衰退全怪罪爲盜版因素。

以作者的筆記型電腦爲例，電腦中大約有個8GB空間全放置MP3的資料，裡面大約有二千一百多首都是自己愛聽的精華歌曲，如果將這些歌曲還原成CD片，如果一片平均有三首精華來計算，就等於有七百多張CD片，疊起來可能比作者還高，先不談這七百張CD的體積與重量，是要把每首聽過一次的話，光換片就要七百次，循環個幾次恐怕會把光碟機的托盤按鈕給按到故障。

二十年前用錄音帶的隨身聽，十年前開始流行CD隨身聽，但現在呢？錄音帶或CD片這種累贅東西，已經開始被新科技及新一代消費者給淘汰，電腦及數位化加上瞬間網路傳輸的全新世代，MP3的「便利性」取代了他們，電腦也從不間斷地侵蝕他們的產品和市場，但這些領導地位的廠商卻以漠視、消極、抵制的態度來面對新科技發展與消費者的新需求。

而資訊科技影響層面越來越廣，戰場規模及複雜度、技術研發力及淘汰遠勝於以往。今天的企業無不絞盡腦汁來製定標準規範，將自己的技術或產品成爲一種平台或載體，好確保企業能不斷成長茁壯。

雖然大者恆大定律依舊，但再大的企業卻可能於瞬間分崩瓦解，即使是一直在電子數位科技扮演領導角色的SONY，也必須緊追科技快速前進的腳步與需求才能生存，如今的競爭對手也從Panasonic換成微軟這種企業。

■ 無包裝時代

二十年前音樂的載體是錄音帶或塑膠唱片，經過十年後錄音帶變成了CD片，而今天的載體可能是硬碟、藍光DVD或者其它更大容量的儲存設備，新的載體除數位化而且還能通用，不僅僅存放歌曲，連影片、文字、新聞、廣告等各式各樣的東西都能放進去。

載體多半有個控制及操作設備，例如錄音帶的控制器是台隨身聽，硬碟則可能是筆記型電腦(NoteBook)，這個控制及操作設備我們暫稱它叫「載體控制器」。

以往的載體控制器多半只是能單純做特定的工作，如TAPE隨身聽只能聽音樂，最多再加個錄音及收音機功能。但我們看今天的電腦可以做多少事，加上它連上網際網路後威力是多麼驚人。重點是這種多功能，可程式化的載體控制器可以對載體內的東西(內容或資料)甚至透過網路來進行管理，而載體內的資料也被當成一種能被複雜而多重利用的資源，而不僅僅只是CD唱片裡的一首歌，我們可以將中間裡的一個片段，轉成電腦開機時的音樂、手機鈴聲或網頁上的背景音樂，因為這個資源是可以被加工處理及傳送的。

不只是MP3對傳統音樂唱片的挑戰，連影片、圖書、新聞、廣告、甚至各種仲介服務都逐漸向這種可連線的新控制載體上發展，且不需要任何看得到的包裝就能夠交流(交易)使用。

未來各種商品、情報、數位資料都會在電腦及網路間流動交換，朝無包裝行銷方式進行，目前只是缺乏一個全新的企業及商業機制來運作而已。

■ ICP的挑戰

有朋友問：「**目前不是有一些ICP(**網際網路內容提供者，靠網站內容服務維生的企業**)發展的還不錯，如『ebay』或『亞馬遜』。那你們跟他們又有何區別呢？**」

事實上「ebay」或「亞馬遜」這種ICP，在2000年前多的是，但是千囍年之後絕大部分的公司都已經倒閉關門了，剩下來的，或是說「撐」過來的，也只是多數中的幾家而已，看他們目前的發展，也大概只能維持這個水準，這是因為單純的網站架構和現有的虛擬服務的商業模式，在能力(功能)上只能發揮到這個局面。

當然，只要競爭對手不多的話，一定的獲利還是有。但他們經營模式太容易就可以被複製，隨時都可能出現更強的競爭者；他們的品牌、服務、知名度很容易就被大企業(如微軟)給快速地複製出來並吃掉，而大企業他們還沒有介入，便是看這些ICP的發展模式還不健全，或者是本身就有先天上的侷限性(如低投資報酬率)存在。

反觀我們是從每一個電腦使用者，在他們日常作業便開始介入，除提供他們一切ICP所能提供的各種服務，還透過軟體的特殊功能，提供傳統ICP根本無法做到的服務與需求，如果再搭配「資訊超商」的運作組織，要複製我們這種商業模式恐怕要難上千萬倍，也就是說我們的系統一旦成型，大部分的ICP都會被這種更完善的商業運作模式給取代。

■ 虛實合一

我們除軟體可以深入到每個人電腦的虛擬世界外，這個商業運作系統(組織)中，還有一個可以摸到、接觸到的實體服務稱為「資訊超商」，它能提供網路及軟體虛擬世界無法做到的服務。

「資訊超商」就像7-11便利超商一樣深入社區住宅大樓，與便利超商不同之處是它不賣實體的飲料、食品或雜貨。它只賣摸不到的「資訊」，從情報、新聞、求才、求職、各種新舊商品買賣、房地、汽車仲介、商圈市場甚至是政治調查、簡單說只要能在電腦上傳遞、可數位化的資料，都將是它可以提供的服務。

「資訊超商」首要任務，就是服務那些不使用電腦的人口。即使像作者這種電腦整天不離手的人，也不會把房子、汽車放在網路上賣(或買)，因爲在網站尋找老半天東西，很多是掛羊頭賣狗肉的虛假資料，而且懂電腦的人才會看到我們貼在某網站上的資訊，這時買家或賣家人數馬上少了一半，再來要讓這些上網的人知道是那一家網站，恐怕只剩下三分之一裡的1%知道，如果你的東西還要符合這些人的需要，那恐怕只有0.01%，也許只有三個人跟作者聯絡，可能其中一個來信問你要不要買減肥的偏方，其他二個則是仲介商，目前大家不信任網路就是因爲存在這些問題。除非是一些有品牌、口碑、重視內容眞實性的網站，大眾才願意使用。

因此我們除了軟體外，可透過實體的「資訊超商」給消費者一種絕對信賴的服務印象。同時，藉它來延伸電腦與網路所服務不到的那群人口。如此一來，我們便能提供全面性的服務及滿足所有市場的涵蓋面。

透過「資訊超商」可以彌補軟體及網路內資訊的正確及眞實性，而「資訊超商」服務人員除電腦資訊教育外，還得接受商業市場調查、情報收集方式等訓練。

「資訊超商」不僅是被動等著客戶上門，總部或區域管理中心，會依照各種商業需求，主動指示各地「資訊超商」進行特定的情報調查及收集工作，因此「資訊超商」的所在處，便是一個區域的資訊情報的收集處理點，每一點都會密切地掌控該區內的各種活動、情報資訊，並負責資訊的更新、驗證和維護工作，並與社區內的「人」及「行業」活動緊密結合。

■ 遍滿神經網絡

「資訊超商」的角色就像大腦內的神經網絡遍佈在全國各地都市裡，這些服務據點就在你、我住家附近，因此我們很容易就可以看到，並接觸到它。

「資訊超商」是未來數位內容的社區服務中心外，它也會是一個社區各種情報的主動收集調查站，由總部或區管理指揮中心依主題、目標或是企業委託所進行的情報活動，如商圈調查、行業競爭情報等資訊收集。

情報調查人員會配備數位情報收集工具，可以進行聲音、影像甚至是地理定位系統來收集更完整的情報資料，之後再由情報資料處理中心進行資訊累積、更新、資訊片段萃取與分析整合。

用戶軟體也會自動與所在區域「資訊超商」所提供的服務進行連結，原則上每一位軟體使用者都有所屬的管轄「資訊超商」，進行類似如政府戶政單位的管理功能，用戶透過軟體的使用，我們系統也會即時、自動地更新有關於此用戶的各種資訊。

■ 線路即通路

「資訊超商」平時提供社區所需的民生資訊情報及服務，如求職、求才、各種類型的資訊仲介(如不動產、汽車、家俱、電子電器等)，「資訊超商」也是數位內容的載體(數位內容倉儲)及實體層網路交換中心。

它會提供實體線路服務，不管是有線或無線網路。因爲電腦數位資料如僅由一處提供不做區域分散規劃，網路頻寬(速度)會嚴重降低，如果南部彼此之間的資料還要到台北繞一圈，時效性差，此外更是網路資源的一種浪費，更會降低安全性。這其實與眞實的貨品運輸，或與大樓水塔的水管運作是相同原理，透過自有線路也可確保整個系統安全性，並發揮我們預期的資訊化社會的基礎條件。

因台灣目前網路環境建設眼光過於短淺，沒有百兆(100Mbps)甚至更快的頻寬拉到住宅客廳裡，根本不會出現眞正的資訊化社會。根據作者就目前使用各種軟體和應用的經驗來看，一個五人的家庭，起碼最少要有十至二十兆(10~20Mbps)以上的頻寬，才足夠使用，例如三個人同時影音電話、收看網路高畫質數位電視、傳輸分享檔案(如從公司讀取放在家裡的電腦資料)、家庭保全及自動化控制，至少得有這麼多的頻寬才足夠，然而這些只是網路時代最簡單的運用而已。

如果是上百人的公司，那某電信公司推的什麼雙向512Kbps的線路根本是拿牙籤要來蓋大樓一樣無知(誤國)，如果台灣有足夠的頻寬，能在國際上保持領先優勢，我們國家在產業、產品或服務上才能產生前所未有的革命，就像我們所要提供的服務一樣。

我們之所以會努力去做，便是不願意台灣不斷往退後發展，台灣唯有世界第一，才能在世界舞台生存，其關鍵在於我們網路頻寬一定要維持在全世界最快、最便宜的水準，因爲這是台灣競爭力的基礎動力，鄰國的日本政府便是了解此一重要性，所以他們百兆(100Mbps)網路價格，與我們一兆(1.5Mbps)網路相當(物價得用薪資所得比較，而不能只用單純的匯率轉換)，如果我們要想超越，就要做得比他們更好、更便宜才行。

■ 正確掌控

從有實體的「資訊超商」所收集來的資料，絕對比目前各種網站內容還來的可靠正確，超商服務人員對於客戶所交付的情報，會先採取合理性的資訊驗證，如個人或物品本身資訊及相對應的證明各種文件等，確認後資料才能進入系統中。

同樣地，透過我們軟體啓動此服務時，也有類似的認證過程來確保資訊的眞實性，相對已經存在資料庫的資料，相關人員也會進行主動核查及更新。

一些傳統擁有龐大個人資訊的求職網站，我們很懷疑這些網站內的資料有多少眞實性(資料眞僞)，料想他們也不會去驗證那些成堆已經當成賣錢的商品，反觀我們則會視爲「情報」，情報本身得不斷累積，篩選核對其眞實性，截取有意義的資訊片段，並重新組合及相互關連起來。

同樣是人力資源，如果客戶使用我們的服務，除了能列出網路上有關於此人所有的相關資訊，對於學歷、工作經歷、專業外、我們會主動核對眞實性，或者說經過我們的調查，將會比他自己在網路上所提供的資料還要完整。如果是一些身份特殊的人仕，我們還會透過密佈的情報網及運作組織，在合乎法律的範圍內，收集更深入精確的情報。如果某公司正準備錄用某個人員，我們也會與目標(對象)確認無誤後進行作業，同樣地，該員也可以向我們查詢該公司各種資訊情報，至少他去複試前可以了解這家公司做什麼，合不合乎自己的專長或興趣，甚至財務是否穩健等各種相關情報，甚至求職者有特殊技能專長，我們可以提供給其他需要類似相關人才的行業公司、部門或研究單位，我們會很明確仔細地比對專業細節。

當然，內容、情報價值不同，自然有免費，或者低價或高額的不同收費方式。

假設某公司要找一位C++的程式人員，除了學歷、年齡這種基本條件外，我們會要求公司列出要有C++何種能力，譬如是否了解基本函數、MFC、各種通信協定、記憶體控制、開發工程等專業細節的熟識程度等，企業如果不知如何進行，他們也可以在系統中找到專業的諮詢顧問來協助，至於那家公司要找的程式人員，我們也能事前對該員進行專業能力的調查核驗，例如線上協助面試。

公司提出什麼樣的求才條件與專業能力，我們就給那種真正符合100%條件的人才情報，在我們這個系統裡，不會發生履歷表寫的天花亂墜，面試時卻一問三不知的情況。

我們會建立一套屬於我們自己精準的、且深入細節的認證系統，而這些專業人員或諮詢顧問，也並非全是我們企業內部的員工，也許他們是我們情報網內一個啓用專家顧問服務並經過資格認證的用戶。

■ 高科技戰爭

現在戰爭幾乎是靠高科技、精密武器及強大後勤補給的比賽，而輸贏還得看情報掌握的層面及是否正確眞實，從美國二次攻擊伊拉克就可了解此懸殊性，有一幕直讓作者印象深刻，久久難忘。

某夜，一支由伊拉克邊境回教國家臨時組成的敢死部隊，大約三、四十人分乘四部卡車，計畫前往美軍駐紮的地方準備進行突擊。他們趁半夜黑幕掩護下急駛前進，但敢死部隊還遠在美軍營地三、四十英哩的半途上，就被美軍火力強大的飛彈給全數消滅。清晨時，四處一片焦黑的現場，還有未燒盡的殘火黑煙，一陣陣在沙漠風沙中逐漸消失。

據美軍表示，當他們成軍前就有情報進來，當敢死車隊一出發，在高空的偵察飛機便開始監控，並通知前線攻擊部隊採取行動。

這些敢死隊，在當時可能只是聽見幾個聲響後，就全都不明不白地死去，完全不知道人家是怎樣在規劃作戰方式，他們死在對科技與情報的無知上，如果了解，就不會如此平白無故地犧牲掉自己性命。

而如今，商場上的戰爭也差不多如此，目前在台灣四處可見的便利超商，便是運用科技、充份運用所掌握的情報、以龐大的後勤支援(如供貨商、物流車隊)，將台灣傳統雜貨店給消滅得差不多。

但除了一些流通業及大型速食連鎖產業的後勤情報稍具規模外，大多數產業都還停留在上個世紀，其中也僅有幾個大企業零星使用高科技，來提升他們些許的競爭力之外，整個產業運作架構及本質卻沒什麼進步，也沒有像便利超商能夠給人一種幸福、或想像不到的感動和佩服。也許將上世紀產業升級的責任，得由我們來完成了。

■ 情報仲介

仲介情報涵蓋面極廣，如不動產、中古汽機車、家俱、電器用品、求才、求職、交友婚姻等都屬於這個範疇，而且這些情報每天的交流量合計起來非常龐大，但對我們來說，每個地區、每個點一天只要有超過三百筆的資訊登入，就可以維持該點的經營，此外還可加上我們直接深入到家庭的服務軟體所提供資訊仲介所創造的貢獻(收益)。

當然，我們一旦開始提供某產品或某產業的仲介情報服務時，便會深入到該行業的裡面，從頭徹底地改變它的運作方式。例如不動產，當某人要把某間房子出售，我們會要求權狀等證明文件及室內照片，如果沒有照片我們可以提供該員住家附近可做數位拍照的服務人員(資訊)以供選擇，普通一張價格約五塊錢，3D立體互動圖片100元。當然，沒有照片也可以，效果可能會比較差而已。

一筆僅需一至五元，客戶便可以將賣屋情報登入到系統中，有需求者可直接上網或到住家附近的「資訊超商」免費取得資訊。如果賣方房屋很多，或因工作不便需要有人帶看，我們也會提供政府(或本公司)認證通過的房屋短期托管帶看經理人員名單(住在委託房屋租售地點附近的)，買屋者在找到喜歡的房子後，可以在系統中找購屋協助專家(經政府或本公司認證通過)，協助了解房子的產權、屋況檢測、完成貸款、交屋等事項。後面的裝修、新舊家俱、家電的購買都可以透過我們系統完成，原本僅提供物件的仲介公司可完全由我們取代。

不同於一般沒經特殊處理的情報交易模式，一定要有一方爲免費才能創造資訊快速流動，仲介情報的成功關鍵便在此，而關鍵中的關鍵還要「**眞實可靠**」、「**一次搞定**」。

客戶也可以選擇價格較高的「主動式資訊流」方式來販售他的資訊，而特殊的商品、如上億元的豪宅或名人資產處理，我們也會採用特殊的商業模式進行，如業主有安全保密上的要求，我們的情報便會啓動進階的主動式資訊流來提供服務。而對業主來說，也不用擔心我們會收取高昂的費用，我們頂多加收一至二倍原本只有一至五元的收費價格，因爲我們獲利在於多樣且大量的情報，而不是傳統仲介那種暴利吸血的經營觀念，重點是我們要推動一個透過高科技虛實合併的服務，一種全球都還沒有的新型態產業。

我們不用花費高昂成本及冗長時間(理論上是幾秒內)，就可以把情報送到需要的人手上，對方可能是一群人、公司或遠在澳洲或美國的外國人。而且，一開始我們就以全球國際市場，作爲整個企業發展的方向與範圍，所以我們的所有軟體只要一切換，都能夠馬上改變成當地語系，因此除了政府動用法令來限制我們的發展外，其他的我們都不擔心。

具備眞正知識情報系統作業的軟體，加上多元性電子商務功能，配合無所不在的「資訊超商」運作，我們可以拓展、發揮超過仲介情報上千倍的能力。不光是仲介情報，以後連社會上常見到的產業，只要他賣的東西可以被電腦化、數位化，都可能被我們給整合進來，小則如書局，大到電信及新聞媒體。

■ 十分之一

建置一家「資訊超商」，除了一般電腦、網路設備及人員訓練外，就沒有什麼成本。它也不需要像食品超商購置冷凍櫃、微波爐、黑輪湯鍋，更用不著每天配送好幾次，那種成本對我們而言實在太高了。

我們不用擔心產品會過期而得將東西丟棄，透過我們的軟體及網站，也能夠提供二十四小時服務，我們僅需要一家食品超商面積的五分之一就可以運作，像各種帳單繳費我們也能夠處理，與一般食品超商相較，同樣成本我們可以開設十家，而且能同時提供上千、甚至上萬種的服務項目，而且沒有進貨成本壓力的經營成本(指每個「資訊超商」服務點)，而獲利能力更是一般超商、甚至各種賣場都難以比擬，因爲我們的毛利不是傳統產業的3%、7%或20%而已，而是高達70%、90%以上的獲利收益。

如果在人員訓練及電腦和網路建置能完全配合下，在台灣，全國每個月至少能開設二十到三十家「資訊超商」，而且全部均爲直營店，二年後能提升至五十家每個月開設能力，第三年後擴店能力可再增加一倍，密度以一個里鄰至少一家爲目標，數量可以在四年內超過統一超商(7-11)的總數，成爲台灣最大的通路商，只不過不是賣食品飲料。

只要條件(包括國外法令)許可下，我們在海外也會同時佈點，第一期便會駐進北美、歐洲、日韓、紐澳等先進國家市場，因爲那裡已有不少人透過網路下載使用我們的軟體了。

■ 消滅傳統

以各種代繳費用的服務，我們的方式、能力恐怕7-11也很難做到，因爲用戶只要在軟體啓動電子商務中的代繳費服務，使用者在家就可以透過也許是電視或手機版的專用平台軟體，就可以把帳單給處理掉。

我們每啓動一項產業服務，便是以該領域的最大業者爲目標，該領域的傳統公司不是以專業服務加入我們的系統中，就是等著被我們消滅。如果該行業是阻礙國家發展、增加民眾成本、不當謀利的行業(經營模式)，便是我們第一個要消滅的對象，例如不動產仲介便是其中之一。

目前國內沒有一家不動產仲介公司，能達到我們佈滿全國五、六千點以上的服務據點，他們也沒條件能夠如此運作。加上我們還有深入到每一個家庭的各種平台(電腦、機上盒)的作業軟體，而且是跨國際運作，將更具絕對優勢。

一旦我們進入不動產仲介就是一場殲滅戰爭，如果在第一波攻擊後他們還存在一定數量，那就表示我們不夠深入了解該產業、軟體設計不夠理想、情報涵蓋面不夠充足、「資訊超商」的服務方式要再改進，調整後我們會再發動第二波、第三波的攻擊，直到他們小的微不足道或消失爲止，也如此才能證明這種系統是可行，是以後社會(新式產業)的發展趨勢。

這麼說可能不夠明瞭，也沒有充足的理由來證明，如何能夠消滅存在社會數百年的不動產仲介？那麼，我們就以國內最大，也是上櫃的信X房屋做爲假想敵。

一開始會先透過我們的情報網收集該公司優秀人才相關資訊，選定後開始進行挖角、趨勢理念溝通、分化等工作，加上該公司員工素質要求較其他同業高出許多，可以訓練成爲「資訊超商」幹部，而具市場分析策略者則派往情報策略的不動產相關部門，也同時吸收其他公司的優秀精英來加入我們。

等準備就續後，如軟體不動產資訊服務模組，電腦伺服系統，資訊情報流規畫，「資訊超商」第一線人員作業訓練、市場廣告、金融市場各種細節完成，便展開至少長達半年以上第一波攻擊。

因我們是以情報而非傳統不動產做出發，雖然提供比傳統仲介更完整、全面的資訊，但我們價格依舊是一筆情報僅一至五元的單向收費(一般簡單式服務)。

在第一波的攻擊中，可能會安排持續一段(如三個月或半年)時間的免費方式(手段)，令大眾以沒什麼損失、試試看心態來接觸我們，廣泛讓國人知道新時代的來臨，也藉此來打擊對手及其股價。

表面上這種免費對我們的營收損失很大，但其實不然。

因爲在這過程之中，我們可以收集到整個核心最重要的個人資訊情報，往後的各種情報都要對應到它，才能產生更大的威力，這邊賺不到錢，我們卻能收集很多資料，另外一邊的系統卻能靠它來衍生更多服務，產生更大利益，因此我們能做的、要做的、整個情報系統，複雜精細關連是外界，甚至連作者本身都無法想像未來會發展到何種龐大的局面。

就了解，傳統大型仲介公司每個月基本營運開銷至少千萬以上，整個公司除特殊案件外，都得靠各個仲介據點的成交貢獻來維持公司運作，如果這些據點持續半年沒收入，而且以後可能也難有穩定收入，來負擔員工薪資與公司房租的話，那會如何呢？那可能只有倒閉一途。

當然他們可以轉型，改變商業運作模式繼續發展，他們可以把我們的系統轉爲運作的一部份，他們的員工不用再去撕人家貼出來的廣告，作者想以後也看不到煩人四處可見的房屋買賣招租小廣告，讓仲介從業員去做眞正專業的事(如果有專業價值我們也可能投資)，這對社會大眾不是一件很好的事嗎？

如果政府有意願，我們也可以將它成爲台灣公民都能享受的福利措施，如果能把整個社會用於仲介(只非專業部份)的資本，投資在對國家競爭有幫助的事務上，那該有多好！

試想，如果連龐大、無所不在、長久存在社會的房屋產仲介都可以將其消滅，對於其他仲介行業更絕非難事，只要我們開始研究它，釐清該產業所有的資訊流，掌握各種環節與其互動關鍵，總管理中心評估後，當某個部門被設立起來，那就又是另一場殲滅戰的開始。

我們的動員方式就如同美軍以龐大的後勤支援，用尖端先進科技掌握全面又完整的情報，以高效率的執行控制和裝備精良部隊來投入每一場戰爭。

■ 萬象服務

之前提過，只要能存在電腦裡的東西，都是我們軟體所要管理的。

想想今天在這個數位資訊時代下有多少事物與電腦有關？有多少東西是可以藉由電腦及網路達成的，只要這個系統平台能夠掌控(管理)電腦內的各種資源，在這個系統上不需高深電腦技巧只需用滑鼠點選幾下，就能簡單方便啓動我們提供的各種商業交易機制。

即使要投資數十億經費研發的軟體，我們也不會收費。

因爲純靠軟體的獲利方式和能掌控整個國家社會，甚至是國際商業的運作模式相比，那也只不過是小巫見大巫的利益而已。

而成功關鍵，便是如何讓每一個電腦使用者裝上我們的軟體，不管他是用微軟、蘋果、企鵝等作業系統或是電腦、PDA、手機或電視等不同硬體設備，都可以輕易、免費地安裝上去。如果我們的軟體像Windows作業系統一樣普遍，加上在住家附近就能瞧見的服務據點「資訊超商」，還有超頻寬的實體網路線路(包含有線與無線)，到時我們將無所不能，微軟也可能在我們的OS PLUS(作業系統上的作業系統)與免費單一國際版的策略下而不再那麼偉大。

往後，我們可以輕易改變一個產業生態及商業交易模式。

如以後的歌手(歌曲)直接跟我們合作，我們可以將同一首歌曲，做到比目前多十倍以上的用途，及各種格式和授權方法，並搭配各種不同精細度的行銷方式。以MP3這種比較低階功能簡單格式的歌曲(一般曲風規格)一般消費者也只需要半角一元，就可以透過網路和我們的軟體買到。也許大多數人會覺得不可思議，這種價格有誰會願意賣，這牽扯到作詞、作曲、歌手等很多利益，自然會想說「這怎麼可能」？不過只要了解我們這個全新觀念及運作能力後，他們會完全加入我們的，如果是死硬派就是不從，那我們透過與符合對象的歌手進行合作，讓他們看到我們的成功後，他們會知道他們如同伊拉克，無力對抗我們美國式的高科技攻擊。

差別何在呢？首先是市場舞台領域的差別。透過網路我們可以把市場打到任何有使用我們軟體的國家，參與我們的歌手第一的觀念轉變就是考慮全球市場，歌曲必須就要有國際化考量，如歌曲中摻雜不同國家語言或特色樂器或曲風，可以是融在一首或是分成數種版本，而一首歌只賣半角一元甚至更低到免費，因爲這種新的行銷方式，就如同每種不同階段啓動的會員註冊一樣，行銷手法會被分成好幾個階段和模式進行，產品也分成好幾種等級如同水果分級一般。

這個一元半角的商品只能算是第一階段行銷，目的也偏重廣告效果或歌手的名氣上，而且是國際性的市場曝光，幾分鐘內傳遍世界各國數千萬人，而且該廣告可以直接送到各種目標客戶的手中，或者是某種音樂訂戶，他可能是免費、月繳無限計次等，一有歌曲我們便將他們所訂的分級水果(產品等級)直接傳到他們手上，當然系統還會提供更複雜、多樣的行銷策略來搭配。

我們還可以做到如歌手、歌曲各階段的績效評估，不同版本規格及品質或用途的授權或銷售，而我們在系統中也有KTV卡拉OK服務提供，在我們新的系統中可立即改變歌曲版本，歌手等較複雜的技術功能，以後KTV業者不用買系統和歌曲版權，以後直接用我們所提供的設備及服務就行了。

像韓國有些精彩感人MTV放在網路供人免費下載(傳播)，他們也是有領略到新資訊時代的行銷方式才會這麼做，但沒有我們爲新資訊時代所開發的軟體、「資訊超商」和一整套複雜精細完整的行銷系統來執行後續的工作，那只能算低階行銷或低層次運作模式。

■ 掌握權力

在軟體及「資訊超商」架構出「超級商業服務網」後，我們可以輕易介入各種民生專業知識服務行業，像各種訂票服務、人才及其專業專長服務、工作求職、交友婚姻、家庭自動化、視訊監控保全系統、電腦軟硬體行銷通路(透過電子目錄)、各種線上教育、電子金融、股票投資交易、電信、各種可藉由網路傳送的廣播或影音節目、數位新聞、雜誌、市場調查、電視台等等等，端看我們評估是否能提高台灣競爭力(或國際市場)的考量下，「要不要」、「何時」介入而已。

曾有趨勢專家提及掌握知識、情報就能掌握權力，我們就是這麼一個執行及運作的企業，下一步我們便是計畫來取得最高權力──國家政權。

■ 精密任務

一旦總部完成情報作業的各種執行細節，後勤物品的補給準備完成後，遍佈全國的「資訊超商」便開始執行情報收集任務，人才資源調度部門由人才庫核選出有意願且符合資格的人員(各行各業甚至是超黨派)，傳發工作任務及所有細節回覆認可後，所有人員同時間展開住宅周圍，鄰居親友的需求和建議事項進行收集任務。

區域內的「資訊超商」主要負責監督控制所在區域的進度及資源調配，所有人員的軟體系統中加裝「物件ID爲PUB2008PS01的區域需求調查for 2008模組」即可進行相關的系統作業。

我們明確規定「受調查者在接受訪問前，必須明確了解並同意我們活動的目的及要求，才能進行下一步動作」，受調查者由調查人員直接進行訪問，最多不超過二次以減少資源浪費，這會從系統軟體中自動做事前檢查工作，受調查者也可於事後自行上網或使用我們的軟體來補充其他意見，如果受調查爲新資料(在系統中無此人資訊)可自行至「資訊超商」，或委託信賴的情報調查員來建立個人資料，在這之前，該個人資料以列入待確認之個人情報資料，一旦要轉入個人眞實的情報庫前，系統與相關人員會做至少二次的眞實身份驗證，只要資料一旦確認完成，該員就能夠啓用系統中的許多免費及收付費服務，或參與各種情報收集工作。

原則上所有資料會做Double Check雙確認工作後，確認來源是否正確，資料是否完整等，才將資料寫到系統資料庫裡，之後再由電腦系統及情報整理部門進行後續處理工作。

傳統市調方式是多採取隨機方式來確保資料不會往某一方傾斜，藉此來達到客觀性，畢竟傳統市調僅能以數千筆調查來做放大推算，因此一不小心很容易造成極大誤差。

而我們調查卻像政府戶口普查一樣，開始就是針對所有人或特定目標進行大規模的情報收集工作，而且最好是能透過熟識信任的調查人員進行資料的收集，如此才有可能得到正確，深入的情報資訊，而這樣的情報網平時就整合了數位內容產業服務，所以當我們進行選舉的相關情報作業，並不會造成太多成本的增加，而且透過強勢的資訊情報運作網路，政權(甚至是其他透過民主選舉的國家)就能輕易取得。

【附錄一】

創意思考法

常有認識的朋友問作者：**「爲何你常有奇怪的點子」**，**「你提的問題好像沒有人想過」**等種種疑問，他們的好奇，好像覺得作者有特異功能，或者經修道後具備看透未來的能力。想當然爾，作者只是一般平凡人也。

前些日子作者將自己一些經驗(Know-How)告訴某位朋友，當三個月後又碰面時，他說他按照作者的方式去做還眞有效時，當時還有點不可思議，如果這種思考方式經過學習、模仿、修練能移轉到每個人身上，那就眞的很神奇了。

如果您想具備作者獨特的創意思考法，那就細聽作者是如何開始，並一步步獲得這種能力的思考方式。中間的過程及方法也許不是一觸即成，但那絕對會您以後的思路(思考模式)會有極大幫助。

好了，我們開始進入故事吧！

作者從國中得幫忙父母經營家電開始，當時學校所能教授的東西已無法滿足作者的需要。到高中時代已經變成老師在台上教國文(或其它作者覺得沒意義的課程)時，作者卻在桌下猛翻大學企管理論(姊姊的課本)或松下幸之助(日本經營之神)的故事。不但如此、市面上(指書局)的各種知識，如科學、物理、天文、美術、建築、流行或報導其他國家各種事物(如日本文摘)幾乎無所不看，作者只想多了解一點這整個世界的面貌，因為在作者家裡(電器行)的二樓，曾有段時間販賣那種價格高昂的歐美音響(一對喇叭十萬元起跳)，有些來自不同領域(職業)及高層次(老闆或高階經理)的客人，會在聽音響(有時會長達一整個晚上)時，和作者東南西北的聊，有時還深入他們的專業領域裡，如果沒有具備一點廣泛的通識基礎是很難跟他們打交道的。

當時作者的知識層面只有在商業活動領域，直到與一位台大畢業李姓大哥密切往來後，才接觸到當時所謂的黨外運動事務，作者的知識庫開始拓展到教育、政治、整個社會，甚至是國際視野層面去，在那次接觸中也才發現台灣民眾(學生)很多的思想價值、思考方向是被政府(教育系統)有目的塑造，有些知識內容被政治轉變成另一種解釋，甚至不是關鍵或具有眞實性，在那段時間學到了知識的判斷能力(質疑)，這種能力可洞悉直達知識所要表達的內涵、用意、目的為何、眞實成分多少等。

到當兵要退伍的前半年比較輕鬆(作者在軍中擔任管錢發餉的行政)所以又恢復呑食知識的習慣，每週大概花費四、五千元買各種書藉雜誌，如今回想起來眞是有點恐怖(敢花錢)。

當時，在部隊內有一間荒廢的戰情室，裡面有一張很大的桌子，大概有五公尺長，很像軍事電影裡數十人圍坐在一張地圖前如何調兵遣將的那種桌子。在那上面，作者將所有的書依照類別，如企管商業、科技新知、新產品、文化的、藝術的一字排開並堆疊起來，看過的書籍就疊到後面一排。

早晨十點前，作者把軍中應盡的本份(如把昨天的單據裝訂並記錄到乙種帳冊內)做好後，便鎖在空盪的戰情室裡開始一天的閉關練功，除了吃飯、團體出操及站衛兵外，作者白天都會待在裡面直到黃昏看不見爲止(裡面沒電)。

由於這段時間純粹是吸收知識，和以前在家裡(生意場上)早上讀到下午晚上就拿出來用，到明天可能就忘是完全不同。有些知識如果是剛讀(包括看及聽)到就拿出來用，除非是經常甚至一輩子需要，否則我們很快就忘記它，就像作者考試前才背的東西，考後就忘得一乾二淨了。

剛開始的前一個月，還可以記得所讀到的東西在說(表達)些什麼，但隨著知識越多，種類越來越廣時，一個月後某天讀到某個重要內容三天後竟然找不到(怎麼想也記不起來)，要不然就只有模糊殘缺不全的片段，作者的大腦開始混亂了。這個問題大約持續了二個禮拜，這段時間舊知識不斷被新知識給取代，很像一張放滿了各種資料的1.44MB磁碟片，存放新東西前得把舊資料清掉才有空間，作者的大腦就如同這張磁碟一般。

某一天作者望著一整排分類好的書，發呆時突然想著，如果作者也把大腦像這一排書做分類(分割)的話，相同的知識可以產生累積性，重覆的知識可以共用，這樣新的有意義的知識進入大腦前，就能依照內容分類，插入或堆疊到我們大腦特定的知識庫中。從那天起，作者的知識便開始有系統分類地放進大腦的知識庫裡，例如一則新聞可能跟商業或教育有關，那作者便會依照該知識(資訊)內涵放在它所屬的商業或教育領域的知識庫(大腦)中，當作者要尋找的政治有關的知識，如某黨的XX政策，作者那部份的腦細胞就會開始動作，很快可以得到該資訊的大概內容。

但這只是起步階段，我們必須把大腦內的知識庫切分的更廣更細，才能將各種知識有系統的存放並有效地使用，當按這種方法持續地吸收知識時，這個庫(大腦)其實會不斷拓展自動細分，並產生你從未體驗的互動關連性。

例如，作者獲得某家公司新推出的筆記型電腦(NoteBook)新聞，作者的大腦會將裡面的內容(內涵)分析拆解出來，用了多少知識庫內已知的相關知識(零件)，知識庫內沒有便新增，新增部份得全盤了解收集相關資訊後存入大腦中，全部比對後可以得知那台筆記型電腦是什麼等級功能的東西，和知識庫內相同的筆記型電腦(知識)差多少，通常大腦只是記錄這個差異，樣子、公司及價格等資訊，如果沒什麼特別(特色)大腦並不會太重視它(表示它不會佔據重要的位置)，不過當有人問道這部產品時我們還可以知道內容是什麼，因為我們在保存這筆之前(也許分成好幾個不同領域的資訊)，在知識庫內已經留下許多的比對差異資料(記憶)。

當朋友問你這台電腦值不值得買時，其實我們的大腦已早有答案，如果不值得買，知識庫(大腦)可能會出現改買那一台比較好，或等三個月後到那家公司會比較划算等資訊。大腦在處理相關連的資訊時，有時候會像放鞭炮一整串引發出來(喚醒)，但平時沒刺激它卻如同消失不存在一樣。

如果我們要將自己的知識庫訓練的更好用(或靈光)，得把知識記到大腦前建立更完整的關連，如將該知識對應到的「人」、「公司」(包括產業別)、「產品」(東西)、「內容」、「意義」、「價值」、「數值」、「地點」或是「時間」等資訊重新審視一次，並做好大腦呼叫時的連接關係。

這不像別人教授的快速記憶法，也許這種訓練沒辦法讓我們背書考試能立即取得高分，但這可以將一生所獲得的知識，有系統地放在我們的知識庫(大腦)中。作者可以保證，當您將人類應具備的基礎知識(常識)建立起來後，往後您看任何事物時一定會有一個完整、又成熟的認知，是如果有學習宗教道義的人士，在這系統上更能發揮強大的功效。

但這與創意思考有關係嗎？

作者可以很肯定的回答「**是的**」，如果一個人的知識很局限缺乏，別說創意，恐怕連幻想都很難具體地講出來。當知識越廣泛豐富，尤其是各種科學常識具備時，眞正的創意或發明(指有重大意義或價值貢獻)會比較容易產生，博學發明家達文西即是一個代表，之前被美國喻爲世紀發明的電動滑板車Segway(發明家迪安·卡門爲一美國物理學家兼企業家)，便是思考人類如何便捷移動與陀螺儀(一種普遍用於航空器的平衡裝置)知識，結合起來的創意發明(產品)。

事實上，人類大腦在進行創意(或思考)會在某一種或多種基礎(知識或認知)上做延伸(推理)並不斷交叉進行關連，進而產生新的知識基礎(創意)，當各種基礎越多時這個創意會更加具體而且眞實。

當然創意有很多種，如商業經營、日用電器產品、科學方式或者是小說漫畫、藝術廣告創作等，有些強調推理(或者推理驗證)，有些則著重關連，但無論如何知識愈豐富多樣愈能產生創意。

但我們要怎麼才能產生創意呢？

有些人說，找一個地方靜心思考，或者將辦公環境變的很舒適就會產生創意，這種理論也沒錯，但以作者自己的經驗來看，有時候惡劣環境常會想出更多的點子，尤其在產生(發現發想)的初期階段，因爲我們會看到更多的不滿意(也許中國的發明數量將會成爲世界第一)，這也就是說「**觀察**」與「**知識**」力，在一開始的時候比「環境」來的重要。

當然當「創意」進入修改組合成形的中後期階段，在一個舒適的環境裡，如進入冥想室、泡澡、坐在可遠望城市海景的大樓咖啡廳裡，或者任何一處您覺得可以讓思路(或大腦中的影像)特別清晰的地方，這樣可以幫助我們很快進入冥思的情境裡，此刻我們將忘掉四週的一切，時間、聲音、只想著著或看著腦海裡浮現出來的那個東西。

當我們不斷地追求滿意開始、無止盡地能更加方便使用，即使在你我週遭、眼光可及之處都可找到「改善」之處，一旦在思想上產生了這個改善波動時(觀察或感覺到的產生階段)，我們知識庫(大腦)內的知識便開始交叉反覆整合，以前從沒有看過的東西(創意)，樣子(外觀形狀)便會出現在腦海之中。

我們可以在腦海中審視它的外觀形狀、或內部的細部構造

(如果我們知識庫裡具備基礎的美術色彩、空間構造、機械原理等知識力)，如果不滿意這個創意，我們大腦會將它的缺陷，或以另一角度(其它知識基礎)整個從新來過，直到滿意爲止。

有時，這個滿意可能要等上一年，甚至更久以後才會出現(在某個新的刺激下又重新產生)，如果您已經建立了這種知識系統(大腦)，創意會隨時在這個系統內進行製造組合，我們可以同時進行數個創意發明，當然，數百個概念裡面可能只有一兩個會有實用價值，不過其它多數創意也不是完全沒用，也許某些看似沒用的想法，也會成爲以後某個好創意的一部份。

作者覺得比較難的部份，是如何讓我們的大腦產生那個波動。大部份的波動都只有些微的感覺，例如作者拿筷子不正確，常夾不起細小東西，如果在筷子後面加個東西(像拔豬毛的不銹鋼夾子)，手只要負責將筷子夾起來就行了，通常這種小創意的波動都只有一點點，而小波動有時一天可以多達十次多，不過這要看每個人的興趣，如果是我們感興趣的通常這個波動會很強勁，知識庫會告訴你那可能成爲一個受歡迎或能賺大錢的明星產品。

作者不久前將一個名爲「**背包電腦**」創意傳給華碩ASUS電腦的曾副總，那便是一個波動比較強的東西(創意)。爲何波動會強，可能是作者一直在期待這種產品出現(當擁有第一部筆記型電腦NoteBook後沒多久就在期待了)。

作者接觸電腦早在小神通與蘋果二號時代，接著是二十多萬286的IBM相容電腦，但到了1993年買了康柏Compaq的

Concertor 386 DX33筆記型電腦(黑白螢幕、電磁感筆的平板電腦)至今，筆記型電腦在使用設計上並沒有重大突破的發展，當然作者還是每年更換最新式的電腦，到現在(十年後)也只不過多了一台彩色的平板電腦(ACER C110)而已。

目前使用中的這台平板電腦，雖然用了INTEL號稱行動運算技術，但作者根本很難在行動中使用它，例如電腦拿久了手會酸，底座還會燙人，不用時怕碰撞便收到包內，突然急用又得從背裡拿出來，電源開開關關拿進拿出很煩哩。如果讀者最近曾看過INTEL新CPU的Centrino廣告，畫面中的主角得搬個桌子四處找地方「坐下」後，才能開始用這種所謂的行動運算電腦時，這算是那門子的「行動」運算。

國外雖然有推出穿戴式電腦，使用者得把一小包一小包裝備綁在身上，忙著把裝備連接線串起來，加上那付掛在眼睛旁的小螢幕，看上去有點滑稽古怪外也不怎麼實用。

「**背包電腦**」是將背包和筆記型電腦特點結合起來的產品，不過這不是將筆記型電腦放到挖幾個散熱洞的背包那麼單純，背包帶子可是佈滿線路，上面可能裝有類似PDA(小控制螢幕)般的控制器與喇叭、天線、攝影頭及GPS，背包表面上也可能裝上許多控制按鍵，背包內除了主機空間外還有地方可以放我們買給女朋友的的化粧品、香水、小禮物或公司文件，更重要的它會裝上足足使用二十四小時以上薄片般的大電池，它的空間彈性很容易再多放個幾片進來，而且不用關機更換就能直接串聯使用。

「**背包電腦**」能走在路上隨時使用或記錄一些事物，以後走在路上，我們見到有人用它來看網路新聞、進行視訊會議將不再奇怪。當我們進到辦公室後，也只需拿出電磁感應筆的液晶螢幕(大控制螢幕)便能使用，可以在螢幕上面兩側裝置特殊小鍵盤、搖桿或其它你覺得需要的東西(如果有人發明的話)，CPU公司可以設計專用CPU加強它的工作頻率彈性(如3GHz-200MHz之間)，如果走在路上只是由小控制螢幕來接手機、聽音樂、收發郵件、紀錄文字不需要大量及快速運算時，就用最慢、最省電的方式運行，電池也許可以撐上二三天，當然那個小控制螢幕也可以做成手錶樣子或置於手臂上特殊裝置。

以目前技術應該可以將重量控制在3公斤(婦女2公斤)以下，這對使用者應該不會造成負擔。據說小學生得拖幾十公斤重的書包上學，如果有專門做給他們(如增加放便當位置)用的「**背包電腦**」豈不是很棒嗎！如果價格不高的話。

有了這種電腦，以後不用出門又是帶著手機、PDA、數位像機、無線電、MP3、收音機、液晶小電視、DV攝影機帶一大堆，以後就一台全部搞定(整合)，什麼電子書、電子書包，用這個就行了，而未來也只需要一個超高解析鏡頭，就可以取代各種數位相機或攝影機了。

某些在電子報評論3G沒什麼好運用的人，看「**背包電腦**」以後運用3G通訊能發揮出來的威力保證先嚇死他們。就目前技術來衡量手機與PDA時，它們的確還是存在諸多先天上的限制，那些評論3G沒好運用的觀點也是這麼來的。

當然換成可隨身移動使用、功能強大的「**背包電腦**」那又是另一番局面，作者預測「**背包電腦**」將是未來3G／4G(如WCDMA、UWB)無線通訊的主角、也許這種電腦會跟今天的手機一樣普遍(必備)。

它往後很可能與流行結合，不久將來可能會出現如BOSS、香奈爾、GUCCI、LV或POLO品牌的「**背包電腦**」或更新的「**腰包電腦**」也說不定，而且造型大小各異還分「女用」、「男用」哩，也許還跟手機一樣可以換殼，而以後類似像機車、汽車那種專業的電腦改裝店，可能會大量出現。

眼睛銳利的讀者可能發現本書所提到的知識管理軟體，與先進教育系統，似乎和作者大腦管理模式有些類似。

的確，那個軟體就是作者(或您)大腦的延伸機制，而且加上可以大量正確儲存資料、電腦高速運算能力、可網路交換聯繫功能、數位商務整合服務等，以發揮最大極限所建構成的擬眞知識系統，提供電腦使用者前所未有的服務與價值。而新教育系統也是從人腦＋知識累積＋科技(如電腦、網路)＋學習考核系統等所產生出來的。

相信作者，您如果想要具備創意能力，可以嘗試上面的方法，只要長時間去落實，您一定能發現「創意」開始在您的知識庫(大腦)中產生，而且愈來愈多。

不過在您學習此方式前，得先培養對一切事務的「**質疑**

性」，包括我們本來就認爲是那樣的眞理。有「質疑」我們才會追根究底地去了解事情的本質及眞相，如果經過我們質疑後的驗證與理解，會在您的知識系統建立一個更多面向，更明確(成熟、確信)的思考網路。

而「**質疑**」與「**不滿**」常同時產生，也因這個平念(平常就存在的觀念)，才能在「**觀察**」時(指生理上的所有感覺來源)立即激起創意的波動，一旦有了波動，再來就有目標及著力點了！

《台灣未來大革命》

個人、企業、政府創意效能管理

著　　者／鄭登寶

責任編輯／土豆仁　西螺廖

內頁編排／方野創意　周奇霖

出版者

前衛出版社

郵撥：05625551　前衛出版社

E-mail：a4791@ms15.hinet.net

Internet：www.avanguard.com.tw

營利事業統一編號：20941058

社　　長／林文欽

法律顧問／南國春秋法律事務所・林峰正律師

紅螞蟻圖書有限公司

地址：台北市內湖舊宗路2段121巷28.32號4樓

電話：02-27953656　傳真：02-27954100

出版日期／2004年2月初版第一刷

Copyright Ⓒ 2004　Avanguard Publishing Company

Printed in Taiwan　ISBN 957-801-424-4

定價／250元